# L'HOMME
# PARANO

DU MÊME AUTEUR

*La Drogue*, Éd. Universitaires.
*Écrits sur la toxicomanie*, Éd. Universitaires.
*Il n'y a pas de drogués heureux*, Laffont, 1977.
*La Vie du toxicomane*, P.U.F., 1983.
*Le Destin du toxicomane*, Fayard, 1983.
*La Drogue ou la vie*, Laffont, 1983.
*La Clinique du toxicomane*, ouvrage collectif, Éd. Universitaires, 1987.
*Le non-dit des émotions*, Odile Jacob, 1988.

CLAUDE
OLIEVENSTEIN

# L'HOMME PARANO

EDITIONS
ODILE JACOB

ISBN 2-7381-0157-7

# L'HOMME PARANO

Je hais les enfants. J'entends leurs voix claires.

Ils m'en veulent. Suis-je persécuté ? Ou persécuteur ? Les deux à la fois. Le réel n'est pas vrai. Quel est mon réel à moi ? Ce drame onirique qui dicte mes relations avec le monde et m'interdit d'être en sécurité, rassuré, confortable ? Ce présent lesté du poids du passé, avec son cortège de persécutions vraies ou fausses ? Ce que je lis de moi-même dans le regard de l'autre, et je suis souvent seul à lire ainsi, car là où je vois haine ou jugement les témoins voient au pire de l'indifférence, au mieux de la curiosité ? Ces enfants, je sais qu'ils ne m'ont rien fait. Ils ont pourtant un rire clair, là où je n'ai que chagrin, envie et rancune. Je leur en veux de n'avoir que des voix claires là où je n'ai qu'angoisses sourdes. Je leur en veux d'aimer la vie, la joie, l'amour. Il ne s'agit pas de vulgaire jalousie, mais d'un désespoir plus profond, plus tenace, car cette vie, cet avenir sont dirigés contre moi parce que mon destin à moi est d'être malheureux, donc persécuté ; persécuté donc malheureux.

Le plus terrible est que cette persécution n'ose pas dire son nom ; elle se présume ou se devine, elle se perçoit confusément : une phrase qui s'arrête, le souvenir heureux dont vous êtes exclu ; une invitation de trop pour les autres, une de moins pour vous. Ou encore cette méfiance qui s'installe avec le soupçon que tel ou tel est insincère ; les affres invisibles qui s'insinuent en vous quand un ami se lie, par-dessus votre tête, d'une manière qui vous exclut avec tel autre connaissance que vous lui avez présentée...

Alors commence le jeu presque infini des vérifications, sous l'aiguillon d'une susceptibilité froissée. Un rien devient une montagne. Les pièges tendus permettent de vérifier ce présupposé qui vous empoisonne ; si sur dix pièges un seul fonctionne et vous conforte dans votre sentiment, tous les autres, qui démentaient votre intuition, sont annulés ; une seule preuve suffit à chasser tous les démentis : hélas, malheureusement, vous aviez vu (plus que vu, senti) clair à en crever de jalousie, de souffrance, de solitude.

Tout cela, bien sûr, est injuste. Rien n'est de votre faute. Vous êtes le meilleur, le seul fidèle, le seul objectif. Certes, il nous arrive de dire à chacun ses vérités, mais c'est parce que, entre amis sincères, on se doit la vérité. On ne peut pas vous en vouloir, pour cela, ce serait trop bête ! Peut-être ne s'agit-il nullement de cela. Vous êtes simplement ennuyeux à mourir, peu sortable parce qu'on n'a pas de plaisir à être avec vous. D'accord ce n'est pas logique ni rationnel. Mais le désir est le désir, aussi cruel soit-il quand il ne vous prend plus en compte, que votre charme n'opère plus ou que votre puissance sociale ou mondaine est devenue, par je ne sais quelle alchimie, obsolète.

Le champ des émotions est immense qui laisse comme un imprimé subjectif des choses de la vie. Le plus souvent vous passez un compromis silencieux avec vous-même, qui permet de supporter les mille affronts subis, d'autant mieux digérés qu'il vous reste tout de même un embryon d'esprit critique, des éclairs d'une autre façon de voir les choses. Ainsi, vous parvenez à vous dominer, à garder pour vous-même les riens qui vous blessent, les silences qui vous assassinent, comme par exemple ces coups de fil attendus et qui ne viennent pas ou vont à d'autres avec qui, pour telle ou telle raison, vous ne parlez plus, que vous voudriez voir entourés d'un cordon sanitaire les punissant des crimes qu'ils ont commis.

Vous redoutez la solitude dans le même temps où vous l'organisez, défendant à tel ou tel le pas de votre intimité, espérant cent fois que l'on vienne vous voir au terme de rendez-vous que vous n'avez fixés que dans votre tête, par des avances trop discrètes pour être comprises, mais d'où naîtront des déceptions si terribles que déjà se mettent en place ces représailles qui vous laisseront plus seul encore.

A l'offensive succède la contre-offensive. Sans trêve. Votre cerveau ne s'accorde ni répit ni repos. Le complot qui vous vise est permanent, même si la pression peut être suspendue par quelque heureux événement. A la limite, les faits mêmes que vous interprétez ne sont plus nécessaires : une certaine atmosphère suffit à vous plonger dans le rôle d'une victime que personne ne comprend, vous qui avez toujours été si bon, si doux, si charitable sans relâche et surtout sans en attendre la moindre reconnaissance.

Il n'y a pas de fumée sans feu. Si tout l'être est tendu vers la vérification constante du donné et du reçu, alors il parvient toujours à ses fins. Comment pourriez-vous admettre par exemple que le pull-over donné à votre neveu est vécu par lui comme laid ou inutile ? S'il ne le met pas du tout, tout est clair ; s'il le porte une fois pour vous faire plaisir, et ne le remet plus, cela déclenche quelques questions insistantes, puis une hostilité franche, prélude d'une douleur terrible devant l'ingratitude incompréhensible. Il y a bien une part de vérité, l'objectivité : il n'aime pas ce pull. Mais, passé au crible de la susceptibilité à fleur de peau d'un écorché vif, cet acte va devenir, dans un registre où la preuve est inversée, celui d'un être qui vous en veut, ne vous aime pas, vous rejette. Le pull-over est l'emblème du comportement général du neveu ; le malheureux ne sait même pas ce qu'il déclenche (à la vérité, il le sait un tout petit peu mais ne peut pas passer sa vie à faire plaisir, porter des vêtements qu'il n'aime pas, rendre des visites obligatoires, prononcer des paroles toujours contrôlées). Il va l'apprendre bientôt, a minima par les soupirs, les larmes, les silences éloquents, au pire par l'exclusion sélective ou définitive à laquelle s'ajoutent les commentaires faits à des tiers pour être transmis, amplifiés, car il faut clouer au pilori l'ingrat.

Ce qui vient d'être décrit, c'est la « petite » paranoïa, la paranoïa du quotidien et de l'homme quelconque, les bizarreries que l'on met sur le compte du caractère ou de l'âge. Elle isole bien sûr, elle fait souffrir évidemment, mais elle ne confine pas à l'isolement total ou au passage à l'acte grave. Il en est de pires, en d'infinis degrés, qui mènent de proche en proche au martyre subi et à l'agression programmée. Au statut de vrai malade, parfois dangereux. C'est là le terme ultime, terrifiant, de ce qui, par petites touches, fabrique une victime avant de faire d'elle un bourreau.

Parler de l'homme parano, c'est aussi et avant tout parler de ce qui le construit, le rend vulnérable là où tant d'autres semblent insensibles. Tout le monde est plus ou moins parano. Plus ou moins explicitement parano, non pas en raison d'une différence de situation, mais selon la manière dont on accepte le contrôle social, celui qui commence avec le sein retiré et donné à heure fixe, qui se prolonge avec le pipi-caca à faire dans le pot alors qu'on a tant de plaisir à le faire ailleurs et tout de suite. Qui peut croire, sérieusement, que la parano naît d'un déficit neurobiologique ou neurochimique, alors que, comme l'extase, elle est spécifique de l'affect, de ce qui fait que l'homme est autre chose que l'animal. La parano n'existe que dans la relation à l'autre, dans le silence à l'autre plus que dans le discours à l'autre. Silence sonore certes, mais silence tout de même, celui de la plus grande misère de l'homme, le silence de la solitude, masque de l'angoisse de mort que seules les mises en scène rendent supportable.

Car il s'agit bien de mort. L'isolement vécu, le seul contre tous de l'homme parano rappellent le repas cannibale qui accompagnait les funérailles, les danses macabres qui ornent églises, abbatiales et autres lieux de retirement, donc de préparation au trépas. La joie boulimique des survivants est du même ordre que l'exclusion du parano, qui est d'abord et avant tout victime. Pourquoi lui, pourquoi ce degré ? Comment la brebis devient-elle un loup ?

On ne naît pas parano, on le devient, insensiblement, peu à peu. Glissement qualitatif qui conduit une sensibilité paranoïaque au statut incorruptible de l'homme parano, organisé dans cet implacable système où, à partir de prémisses fausses, le raisonnement acquiert une logique aveuglante.

Cela est d'autant plus inquiétant qu'on fait trop souvent adhérer des masses à ce raisonnement, qui finissent par ne plus voir la fausseté des prémisses, puis à la nier en dépit des évidences, car la paranoïa est un acte de foi, qui se justifie par la foi, par l'adhésion totalitaire plutôt que par la causalité raisonnable. On ne peut ramener les manifestations politiques ou religieuses à des passages à l'acte paranoïaque. Mais que seraient-elles sans paranoïa institutionnalisée, par exemple sans la notion du peuple déicide, qui apporte une bonne réponse à toute question ? Le plus intéressant est pourtant ailleurs : comment un homme se désigne Christ, Mahomet ou Moïse et impose sa loi aux autres, en tous les cas aux faiseurs de légende qui les font tels ? Peut-on dire que le monothéisme est la forme suprême de la paranoïa organisée, institutionnelle, alors que le paganisme polythéiste est une forme de résistance joyeuse, parfois obscène, le témoignage de la bonne santé des tribus ou des peuples ?

La parano se constitue quand l'UN s'isole ou est isolé des autres. Peu importe au fond qu'il s'agisse de fiction ou de réalité, de mythe ou de temps vécu intime, viscéral. Le fait paranoïaque s'installe à X + 1, dans ce basculement qui rend impossible tout retour en arrière, toute véritable confrontation avec le réel, au nom du vrai, de l'absolue, totale, certitude d'avoir raison envers et contre tous. Cela n'exclut pas, loin de là, la souffrance du sujet parano. La certitude rigidifiant mille blessures, l'inquiétude, le doute entrent avec elle dans d'incessants combats, d'infinies supplications, pour changer de sort. Car il est loin d'être facile, le statut, le vécu parano. La certitude n'engendre jamais le bonheur pour le UN seul qui porte la croix d'une mission impossible, totalitaire, et absolument obligatoire cependant.

Lorsqu'il détient le pouvoir, le UN vérifie par la foule qu'il n'est pas fou, y compris et surtout lorsqu'il s'autorise les escalades les plus insensées – même si cette suprême vérification demeure elle aussi toujours insuffisante. Lorsqu'il n'y a que la solitude, le UN contre tous renvoie, par un jeu de miroirs, le soupçon ou l'éclair aveuglant de la folie, d'une rupture avec le réel qui ne peut qu'angoisser. Alors il traduit à l'autre, aux autres, la douleur diffluente, le silence sonore de l'interprétation abusive, les émouvantes séparations-retrouvailles avec les autres suivies de replongées dans le cauchemar, dans cet incompréhensible, ce dialogue avec un autrui qui ne se laisse pas identifier.

Comment approcher au plus près, au point de bascule, ce rapport du réel pour les autres et du réel pour l'homme parano ? Le réel n'est pas le vrai, contrairement à ce que présuppose la « science » psychopathologique, objective, entomologique. Le réel est fait du vécu des êtres humains, de la subtilité des écorchures, des traversées du miroir. Le réel, c'est ce qui se passe pour le sujet dans sa tête, apparemment en réaction à l'événement, en fait le produit d'une longue succession de blessures minuscules ou majuscules qui, jour après jour, heure après heure, vous dénient, vous désavouent ou vous néantisent, et vous conduisent à crier, à hurler à la mort que vous existez, qu'il faut arrêter ces humiliations bien réelles, si cruelles, même si elles paraissent aux autres infinitésimales. Le vrai c'est sans doute le caractère imaginaire de ces blessures. Le réel c'est que la somme considérable de ces néantisations compose des chambres à gaz pour tant d'êtres, surtout ceux qui ne réussissent même pas à être paranos.

En dehors du pouvoir, l'homme parano a la fragilité du verre! Il a la transparence du verre et sa faculté à être brisé, de l'être déjà ou d'être dans le péril de la brisure. D'un côté le parano possède une vue claire de tout, de l'autre les brisures du miroir rendent impossible la vision totale. C'est dans ce paradoxe de fragilité mêlée de force que vit l'homme parano, constatant avec stupeur la crainte qu'il engendre, puis l'utilisant comme arme défensive, et de plus en plus offensive. En lui rien n'est jamais immobile, tout s'échange, le négatif se bat avec le positif, l'obscur avec le clair, le supposé avec l'évident, le rationnel avec l'irrationnel. Cet homme, si dur, si rigide, n'est qu'un horrible timide qui n'ose même pas demander l'heure dans la rue, qui n'ose pas exprimer son opinion, voire son existence alors même qu'il a raison, que ses arguments sont de bon sens, d'intelligence vive. Non, le paranoïaque n'est pas bête et méchant. Il peut le devenir, comme un sanglier cerné par la harde, au fond d'une forêt. Mais son vécu est d'abord celui d'une victime, et c'est à partir de ce statut que se déroule sa vie, son rapport à l'autre.

Le vieux monsieur qui tire par sa fenêtre sur un groupe de jeunes sera d'abord victime avant de devenir assassin. Il ne s'agit pas de trouver l'alibi d'une indulgence sélective (comprendre les raisons n'absout pas), mais de savoir la solitude, le malheur autogéré, la méfiance totale envers les hommes qui est le double fond de ces actes insoutenables. Il faudrait en retracer le cheminement depuis l'enfant disgracieux, infériorisé, jusqu'à l'adulte aigri, sous-estimé, jamais reconnu, incapable de faire jouir sa femme, en proie à des pulsions, des désirs interdits, prisonnier de la conformité, ne pouvant admettre sans doute l'inéluctabilité de sa mort, et tirant sur la jeunesse pour sa jeunesse. La haine des jeunes est comme la haine des vieux, une même façon d'essayer d'expurger la peur de la mort, cette redoutable donnée du destin intérieur. Comme si la beauté, les projets, le plaisir vous emmenaient plus vite, plus près de la grande faucheuse ou comme si la vieillesse vous attirait, avant votre tour, vers cette antichambre de la mort, attente pitoyable et angoissée. On comprend mieux maintenant l'importance des rites de passage, la valeur de l'investissement des vieux en tant que détenteurs de sagesse qui permettaient de canaliser les flux irrationnels du préconscient inscrit dans toute démarche paranoïaque. Le retour de ce que les psychanalystes appellent le refoulé devient sauvage, meurtrier, dès lors qu'il n'y a pas les barrages du rituel.

Que peut-on savoir de l'intimité du basculement dans la parano ? Certains parlent de naufrage dans la déraison, alors qu'il s'agit à première vue de folie raisonnante. Orage ou ru qui devient ruisselet puis rivière ou fleuve qui jaillit soudainement, cataclysme atomique ou lente composition d'un état d'âme ? Existe-t-il des périodes où raison et déraison cohabitent, dans une compétition dévastatrice et poignante, pour définitivement faire place à l'état paranoïaque, installation dans le mutisme, la surdité et la cécité à l'autre, à ses attentions, voire à ses tendresses. Cette cohabitation n'est-elle pas au contraire permanente, la raison assistant, dans une impuissance douloureuse, au triomphe de la pulsion, au passage à l'acte complètement fou, déréel, dévastateur pour soi et pour autrui ?

Il n'y a pas de raison en soi : un demi-verre d'eau restera à moitié vide pour les pessimistes, à moitié plein pour les optimistes. La raison est un ensemble fait de multiples composantes plus ou moins normatives, culturalisées, qui inclinent des individus différents à réagir selon les mêmes principes acquis et à interpréter de même façon le réel. Le paranoïaque est le plus souvent respectueux des normes, trop respectueux même : c'est par et pour la norme qu'il peut devenir meurtrier. Son raisonnement est logique, imparable de bout en bout. La déraison, en son combat avec la raison, fait son œuvre au niveau des prémisses du jugement. Tout peut être cependant mis en cause, comme dans les états physiques ou psychiques en équilibre instable, car le dialogue de soi avec soi dépend peut-être plus de l'atmosphère, des pulsions affectives, d'autres plus sauvages encore, bref, de ce « je ne sais quoi » qui fera pencher la balance. Peut-être faut-il tourner autour de ce que l'on appelle l'intuition, dans son immédiateté comme dans ses sources inconscientes profondes, pour comprendre le basculement. Comment chez le parano jaillit l'intime conviction dans l'acmé de l'intuition ? C'est un des grands mystères de notre relation avec notre psychisme, bien avant que ne se constituent les mythes auxquels nous adhérons en dehors de la raison.

Peut-être faut-il, avant la pulsion intuitive, une longue suite de malheurs, d'échecs, de rebuffades. Le parano, avant de l'être, se vit, souvent depuis l'enfance, comme différent des autres, canard noir au milieu de cygnes blancs. Marqué par une ou des singularités, anodines pour beaucoup mais portant à ses yeux le germe d'un échec à répétition, stigmatisé ensuite par l'absence de reconnaissance pour sa personne, son droit à l'existence, son talent. (La surprotection parentale aboutit souvent à des résultats similaires en rendant encore plus difficiles les vraies confrontations avec l'extérieur.) Le parano se forme dans l'absence de regard de l'autre. Dans le regard qui vous traverse sans vous voir, qui est trop poli pour être honnête, dans le discours qui masque le non-discours bien plus effectif.

Dira-t-on un jour les lentes tortures de l'indifférence polie pour celui qui n'est rien, qui doute de tout, de sa personne surtout, ces mille petites fractures de l'amour-propre, insignifiantes en apparence, si brutales pour celui qui en est l'objet et qui seul peut-être s'en aperçoit : les invitations de circonstance où l'on est placé là où la chaise manque, en bouche-trou ; la parole qu'on vous coupe ; l'argument que l'on n'entend pas. Bien plus encore, cette sorte de vibration invisible, tacitement reconnue par connivences multiples, qui vous font comprendre ainsi qu'aux autres que vous n'êtes ni de ce monde, ni de ce milieu, que vous y êtes entré par effraction. On ne vous tolère que parce qu'on ne peut pas faire autrement. Le doute s'installe, vous infériorise, vous fait accorder une crédibilité à l'opinion de l'autre. Il peut être surdéterminé par des traits « communautaires » ; un Blanc ne pourra jamais comprendre la paranoïa d'un noir qui, à la fois, refuse et désire la place de l'esclave ; un non-Juif admettra difficilement la part de peur immense qui lie le destin de tant d'êtres différents, les rend parfois arrogants, parfois excessivement humbles ou a contrario les entraîne dans une surenchère antisémite.

Tous les Noirs ni tous les Juifs ne sont pas nés paranoïaques. Beaucoup contrôlent leur peur, leur passé. Il y a des circonstances sociales où « tout va bien ». Cependant, le moindre incident (qui peut souvent être lié à la rencontre d'une autre paranoïa, nazie, raciste lepeniste) confortera chez les plus faibles, ceux dont l'histoire personnelle ou familiale est marquée par l'échec, une victimologie qui est la base de la paranoïa.

Le basculement est insensible : comme un grain de sable, s'ajoutant à un autre, puis à un autre, pour former finalement un tas de sable ; des tendances d'abord simplement bizarres pour le commun des mortels se transmuent progressivement en folie aux yeux du monde. Selon la tolérance d'époque, familiale, pédagogique, le curseur qui passe de l'étrangeté à l'anormalité se déplacera plus ou moins vite. Le sujet lui-même n'est pas étranger à sa propre histoire : l'indifférence des autres lui apparaît comme de l'hostilité, voire de la haine, dès lors qu'il se met en situation de ne percevoir que l'hostilité ou la haine. Match à deux, à plusieurs, qui dépend d'un circuit d'interprétations emmêlées où la sensibilité l'emporte sur la raison pour autant qu'on sache où s'arrête l'une et commence l'autre. Rien, jamais, ne pourra par exemple effacer dans l'âme d'un Noir la trace de l'esclavage, vieux de plus d'un siècle pourtant. La sensibilité est alors plus vraie que la raison.

Vraie ou fausse, la paranoïa est insupportable à autrui. Peut-on dire que le paranoïaque rend l'autre parano, lui fait perdre à son tour le sens de la mesure, du self-control, de la tolérance ? Comme Chronos dévore ses propres enfants, le parano s'autodévore en organisant son massacre carnivorique par l'autre. L'absurdité du propos, l'exagération des attitudes qui pourraient susciter la compassion sont effacées par l'exaspération teintée d'angoisse que provoquent les agressions du parano contre les autres, sans égard aucun pour l'amitié ou l'affection antérieure. Parfois la brisure est si nette, si éclatante, qu'elle stupéfie autrui, victime d'une si grande injustice, d'une telle ingratitude. Il est quasi inéluctable que l'autre, acculé à réagir, perde à son tour le sens de la mesure, l'analyse critique de la situation, et cesse de s'apitoyer sur l'état morbide du parano. A parano, parano et demi pourrait-on dire, tant est incompréhensible le cycle provocation-répression. La paranoïa est toujours dévastatrice ; pour le sujet lui-même, terrible souffrance du quotidien, pour ses relations, pour le monde entier qui se voit englobé dans un véritable système totalitaire dont le sens plus ou moins caché devient de plus en plus organisé, marqué par des repères quasi kabbalistiques qui tous ont pour mission de conforter le cercle infernal.

Ce qui distingue la parano, c'est le passage à l'acte. Pour beaucoup le compromis psychique suffit à limiter la parano à une vision de l'autre, des institutions, du monde. A la limite, tant que l'on n'a pas le pouvoir, le passage à l'acte verbal, s'il reste contrôlable, peut être accueilli avec une certaine indulgence, signe d'une originalité irritante mais non dangereuse. Le passage à l'acte cesse d'être un compromis et devient une agression dès lors qu'il devient violent ou s'institutionnalise : le persécuté devient persécuteur, la victime s'installe comme bourreau. Les choses peuvent aller très loin, comme en témoignent les tyrans domestiques, patronaux ou populaires. La parano est d'abord une douleur vécue pour le sujet, elle peut devenir une souffrance vécue, voire une torture, pour ceux qui subissent la violence d'un parano au pouvoir. Le parano enfermé dans un système clos devine de plus en plus de dangers, dont certains cessent d'être imaginaires en raison même de sa cruauté. Alors il renforce ses persécutions, son contrôle, sa méfiance, faisant ainsi de plus en plus mal à l'autre. Que le lecteur se rappelle par exemple la violence d'un mari jaloux, rentrant ivre chez lui. Toute la symbolique de la femme battue entre dans l'évidence paranoïaque comme ce non-dit qui fait que le mari, se croyant, se vivant, comme impuissant, se convainc peu à peu que sa femme le trompe, la frappe, entraînant la terreur, le rejet, mais également la provocation de la femme sadisée.

L'escalade du verbe ou de l'acte devient un mode d'existence, une manière d'être au monde. Si quelqu'un venait à soulager le parano de sa souffrance, il se retrouverait tout petit, minuscule, en plein désarroi, comme s'il lui manquait quelque chose d'essentiel à vivre. Là est le paradoxe de la paranoïa : à la fois grave atteinte à la liberté de l'homme dans le même temps où elle est ultime rempart contre une défaillance bien plus effroyable du moi, contre une angoisse paroxystique ou, pire encore, une dissociation du mental, un éclatement dans la folie sans queue ni tête, gibier d'asile à vie.

La folie paranoïaque est moins douloureuse pour le sujet que la dissociation car les repères rationnels, même s'ils sont erronés, continuent d'organiser un fonctionnement en commun avec les autres, voire une forme de dialogue avec l'autre, intelligible, à défaut d'être approuvé. Ses réactions, sa peur, ses arguments, ses agressions, ne nient pas l'autre dans son existence en tant que sujet alors que la dissociation place l'autre dans un monde totalement différent où le malaise naît de la communication morte plutôt que de la communication alternativement hostile ou tolérante qui est le lot du parano. Pitié ou indignation vous font exister. Alors que, passé de l'autre côté du miroir aux yeux du monde, le sujet est mort-vivant, nié, non-être humain. C'est peut-être la peur ultime de devenir non-être humain qui bloque le parano dans sa paranoïa, dernière défense devant l'animalité inconnue de la psychose. Le parano, cet inconnu, est encore et toujours un peu plus mystérieux que ce que l'on appelle le vrai fou.

Ainsi, à la limite de la folie dans sa passion raisonnante, sa peur incessante transformée en agressivité permanente, le parano vit son existence sur le mode de la guerre civile psychique ou sociale. Il transforme tout acte, même le plus bénin, en agression intolérable. Cette dame qui met à feu et à sang un wagon de chemin de fer lorsqu'un malheureux s'est par mégarde assis à sa place. Que l'on n'imagine surtout pas que le coupable ayant regagné, penaud ou terrorisé, un autre siège, l'affaire s'arrêtera là. Non, le soliloque croît, s'embellit, se transforme en hurlement devant le sort injuste fait aux vieux, qui n'ont qu'à disparaître, à crever comme des chiens car leur mort est souhaitée, partout évidemment, mais plus particulièrement ici, par ce sinistre individu, dont tout le monde voit bien qu'il lui en veut particulièrement, qu'il est prêt à tout pour lui nuire.

Une telle scène n'est pas caricaturale, elle est limite : trop excessive pour s'analyser comme une mauvaise humeur, suffisamment contrôlée pour que le passage à l'acte s'arrête à ce stade oral, laissant autrui mi-coupable, mi-indigné, toujours terrorisé. Imagine-t-on la vie de cette vieille dame pour qui le moindre déplacement s'apparente à une sortie de tranchée dans un univers hostile, avec ces actes de guerre à répétition qui conforteront sa conviction inébranlable d'une persécution ad nominem. La conviction paranoïaque peut rester du domaine de l'intuition affective ; elle peut aussi s'étendre, grignoter en réseau, prendre sens, donner une compréhension machiavélique de l'ordre des choses, devenir un système parfaitement clos, plus ou moins bien dissimulé aux autres, dont seuls les très proches, consternés, posséderont quelques clefs. Le premier, le conjoint sert souvent de rempart ou de tampon avec le monde extérieur, même si, à force, il en vient à partager peu ou prou la conviction quasi délirante. Ce partage, qui aide à vivre, du moins un certain temps, cessera quand les choses iront trop loin, à moins, au contraire, qu'il ne participe à une construction encore plus délirante, comme ces forcenés et leurs familles se barricadant armes au poing dans leur demeure. Ce type d'évolution est encore plus navrant quand le naufrage entraîne un père ou une mère vieillissants et leur fils ou leur fille un peu demeuré, qu'ils ont toujours protégé, vivant avec l'un ou l'autre, formant un duo, un trio indissoluble aux traits physiques de sorcière qui éloignent voisins, parenté, amis, au fur et à mesure que la mort approche, angoissante pour l'avenir de celui qui reste, le suicide à deux ou à trois n'est pas rare, dernière accusation spectaculaire d'un monde qui n'a pas su, pas voulu comprendre, ni aider.

Des états limites à la grande folie, de l'intuition hyperaffective au système délirant, il faut essayer de percer ce mystère dont nous sommes, chacun à notre manière, les dépositaires. Né dans la nuit des temps quand l'homme était un loup pour l'homme, chacun ayant alors des raisons légitimes de se méfier de l'autre ; modifié au cours des millénaires quand l'homme, solide dans la beauté de la jeunesse, inéluctablement condamné dans le vieillissement improductif, est devenu esclave de l'homme, objet à jouir, à souffrir, à travailler, toujours incertain de son sort, guettant dans l'œil du maître l'oracle de son sort ; transformé encore lorsque la famille toute-puissante a substitué le cannibalisme affectif au cannibalisme effectif, la domination psychologique du respect parental à la domination purement physique, l'absence d'amour, réelle ou ressentie de la mère ou, à l'inverse, son trop-plein d'amour, fabriquant dès les premiers pas la machine à avoir ou à faire peur, lorsque le social prend une autre possession du sujet pour lui assigner peu à peu sa place dans le réel, loin, très loin de ses rêves ou de ses fantasmes.

Grand ou petit, misérable ou puissant, chaque homme sera toujours en état de manque, terrorisé par une minuscule souris ou une araignée ridicule. Il dépend finalement de bien peu de chose que ces peurs restent en l'état, engendrent au contraire des effets bénéfiques, aussi bien que des meurtres, des drames, des dictatures. Ce sont ces petits riens qui font glisser de la parano quotidienne à la grande folie que j'ai voulu traquer, décrire, comprendre.

Si le nez de Cléopâtre n'avait pas été tel qu'on le dit, si la chirurgie esthétique avait alors existé, la face du monde aurait peut-être été changée.

# LES JEUX DU JE

Je suis né ordinaire. Ma mère souligne cependant mon caractère renfermé et solitaire, dès ma plus tendre enfance. Je devais être déjà parano sans le savoir. J'ai pris conscience de l'injustice, non pas par les persécutions antijuives (cela viendra plus tard) mais un jour d'anniversaire : ma tante m'avait offert un pyjama alors que j'attendais des jouets. Elle n'aurait jamais osé faire pareil affront à mon frère, ou à mes cousins, j'en étais sûr. J'ai senti alors qu'on ne m'aimait pas, sans que cela fût de ma faute. Au contraire, je n'avais de cesse que de témoigner une gentillesse forcée à ma famille. Depuis, il ne s'est pas écoulé un seul jour sans que l'aiguillon de ce désamour ne ravive mes blessures.

Adolescent, j'ai pris conscience de la laideur du corps. Avant cela même, l'obligation de porter des lunettes avait assis la différence et créé la défensive. Plus tôt encore, je ne me souviens que de broutilles : la sieste qu'on m'imposait au jardin d'enfants alors que d'autres, les autres, jouaient. Je ne me rappelle presque plus mon enfance. Mon père, paraît-il, était un bon ; je me souviens seulement qu'il préférait mon aîné, lequel pourtant souffre plus que moi aujourd'hui de la différence et de l'exclusion, pauvre aîné qui s'est toujours chargé de me protéger. Dans les petites classes, je me débrouillais pour être le favori de la maîtresse, ce qui m'assurait contre elle, dans le même temps où cela m'exposait aux persécutions des autres garçons de l'école. Je découvris ainsi que le monde n'est pas parfait, que le pouvoir même a ses revers de médaille, que la bonté, l'amitié ou même la neutralité ne s'achetaient qu'au prix fort, parfois au-dessus de nos moyens. C'est pourtant de cette époque, je crois, que date ma conviction qu'il valait mieux avoir du pouvoir. Je devins chef de bande. Mes « gros bras » me protégeaient des autres.

Reconnu socialement, comme « chef », à l'école je n'en avais pas moins un sentiment d'exclusion, marginalité psychique qui, comme une araignée, grignote votre pensée consciente ou inconsciente. Être chef de bande vous livre à la peur d'être renversé, à la menace du coup d'Etat permanent. Cela m'est déjà arrivé ; je n'ai su que pleurer. Convaincu par avance et intimement de l'exclusion je m'y prêtais dans mon comportement avec l'autre. Je n'ai pas le nez crochu, mais dès l'enfance, j'appréhendais de dire mon nom à l'école, lors du premier appel, en maudissant mes parents qui m'ont donné un prénom judaïque. Depuis, si je n'ai jamais maudit la passivité des Juifs qui se laissaient mener à l'abattoir je sais que jamais, jamais je ne ferais comme eux. Pour être intégré, semblable, inodore, sans saveur, il faut, rappelle Kaes, participer au mythe fondateur, à l'idéologie qui motive, à l'utopie qui est le but à atteindre.

Je ne suis né ni plus laid ni moins intelligent qu'un autre, mais à Berlin en 1933. J'aurais voulu être SS, j'étais juif. Je me désirais blond aux yeux bleus, je suis petit, brun. J'ai grande honte à l'avouer aujourd'hui : au début, j'aurais voulu de toutes mes forces être de l'autre côté de la barrière. Je n'ose même pas exprimer les mille et un fantasmes sadomasochistes qui, dans ce temps naïf de l'enfance, me hantaient et ont été censurés depuis. Cette honte, cette infériorité intériorisée, ont tant bien que mal été enfouies. Je me surprends parfois à avoir des pulsions racistes ou même antisémites, fruits amers de cette introjection psychique acceptée contre ma propre volonté. La pensée, l'intelligence ont, je l'espère, liquidé tout cela. Si je comprends et partage la paranoïa de beaucoup de Noirs, c'est en vertu de ces « culpabilités électives » qui me permettent de me mettre à la place de quelqu'un qui aurait pu être vendu comme esclave. De même, instinctivement, une forme de communauté de destin me permet de comprendre presque de l'intérieur ce qu'est la condition féminine ou le machisme, jusqu'à un certain point, car avec la meilleure volonté du monde je participe tout de même à l'idéologie dominante, celle qui pourtant m'exclut pour mille raisons, certaines secrètes, d'autres évidentes.

La condition juive est l'une de ces raisons. Gros ou maigre, riche ou pauvre, persécuté ou adulé, juif vous êtes, sans possibilité de changement. La condition paranoïaque en est une autre, épisodiquement. Je me surprends à me regarder pour voir si je franchis la limite invisible qui sépare la réaction exagérée du délire consommé. Parfois, je me rassure : ma personnalité est suffisamment structurée pour contrôler l'excessivité de mes réactions. En d'autres lieux ou instants, comme une lave que cracherait le Vésuve, l'excessif devient le vrai. Il n'est plus temps pour expliquer, convaincre. L'intime conviction s'impose dans un registre exalté, totalitaire, dans une atmosphère *sui generis* à laquelle on sait que l'autre ne pourra rien comprendre. Inutile, alors, de chercher à convaincre : ma réalité n'est réelle que pour moi en fonction d'éléments que je possède seul ; elle est inatteignable pour l'autre qui se trouve et demeure à mille lieu de mes arguments ou du chemin qui les relient. Où est la frontière ? Qu'est-ce qui retient un écorché vif au bord de l'abîme délirant ? La condition juive, la condition paranoïaque, la condition juive paranoïaque. Comment peut-on respirer, côtoyer, vivre après Auschwitz ? Je mentirais si je dissimulais cette perpétuelle défensive, le sentiment de percevoir, avant même qu'il ne soit né, l'hostilité ou la condescendance de ceux avec qui vous êtes apparemment au mieux ou qui vont clamer par exemple leur antiracisme pur et dur. Je sais qu'ils vont innocents du péché dont je les soupçonne ; que, déduisant de leur essence de non-Juif une hostilité putative, je me comporte avec eux comme l'antisémite avec le Juif. Et pourtant qu'ils ne soient pas capables de comprendre cet injuste regard que je porte sur eux est à mes yeux la preuve de l'injuste regard ou du regard insensible qu'ils portent sur moi. L'exagération est dans le sentiment indicible, sans doute ridicule, que la catastrophe va recommencer, qu'elle est inéluctable, que des gens qui vous fréquentent aujourd'hui vous éviteront un jour peut-être. L'exagération est dans un dîner mondain, d'observer les uns les autres en se demandant qui vous invitera encore demain. Le parano se range toujours dans le clan des pessimistes, sans pouvoir espérer que l'avenir lui donnera tort.

La paranoïa, c'est plus une sensation d'être qu'une

perception d'autrui. Position impossible à tenir : se sentir déraper, tout en sachant dans le même mouvement que l'on a (partiellement) raison. La réponse ne peut être que la rigidité dans la conviction, l'affirmation passionnelle, pulsionnelle de la conviction. C'est cela que l'on retient de prime abord chez le parano : sa rigidité vite transformée en agressivité ; son sentiment de persécution qui devient une volonté de persécuté, masquant l'extrême souffrance engendrée par l'extrême sensibilité elle-même entretenue par mille et mille incidents du quotidien, anticipés avant même qu'ils ne se produisent, inventés pour sa vie par cette anticipation même.

Voilà ce qui s'offre au regard : cette terrifiante rigidité que n'apaise aucune conciliation, qui vous transforme en tyran, centre moteur de mille complots. Plus dramatique encore, lorsque l'on sent que l'autre a raison, qu'il est plein d'indulgence, qu'il essaie de vous comprendre, qu'il fait sentir sa sympathie, ce besoin de se rigidifier tout de même pour ne pas perdre la face (mobile très important du passage à l'acte parano) d'abord, pour ne pas, malgré tout, se faire avoir surtout, cette compassion de l'autre étant interprétée comme la preuve même qu'il vous tend un piège.

Là où il faudrait reculer, avouer ses erreurs, rendre justice à l'autre, c'est la fuite en avant, le renfermement dans une situation inextricable. Insignifiante s'il s'agit d'un individu, cette fuite en avant devient redoutable lorsqu'un dictateur la met en pratique. La certitude est peut-être ébréchée, elle reste suffisante pour que la fuite en avant se produise, comme s'il n'y avait pas d'autre issue. Elle caractérise, même si elle est désespérée, le sentiment d'être condamné à prendre des positions ou des décisions parfois redoutables, presque malgré vous, comme si vous étiez marqué par le sceau du destin. Il en est d'admirables qui, effectivement, se révéleront a posteriori comme de grandes décisions (l'appel du 18 juin par exemple). Il en est d'exécrables qui acculent les peuples ou les individus au malheur. Je regrette souvent d'avoir à prendre de telles décisions. Cependant, pour rien au monde je n'en changerais, assez habile pour argumenter, trop rigide dans ma peur pour essayer même d'être convaincu par un argument autre. Si d'aventure la conviction de l'autre m'ébranle quelques secondes et que je baisse la garde, immédiatement, le soulagement de mon interlocuteur, sa satisfaction d'une victoire remportée me font revenir en arrière, encore plus rigide qu'auparavant. Ce qui me domine alors, c'est la peur panique d'avoir tort, que le système tout entier puisse s'effondrer. Alliance indestructible de la loi du tout ou rien et de la loi de la jungle. Si vous n'êtes pas tout, vous n'êtes plus rien qu'un délirant qui se trompe, un pauvre hère nu, miséreux, inférieur, dont la misère psychologique, affective, augmente encore la misère sociale, l'échec et la rancœur ou bien l'autre est née, ou bien le roi est nu. Entre deux maux il faut choisir le moindre, c'est-à-dire le premier.

Être parano, c'est faire constamment un numéro d'équilibriste entre « raison garder » pour ne pas aller trop loin et « ego protéger » en ne cédant pas, en résistant, seul contre tous.

D'où l'importance constante de la vérification, des pièges imperceptibles ou grossiers tendus à l'autre, pour bien vérifier qui est l'ennemi, qui veut du mal, qui complote derrière le masque de l'amitié. Encore un complot est-il préférable à l'installation de l'absence, à l'indifférence. Il faut alors exagérer la provocation, quitte à être encore plus douloureusement meurtri. Le sort vous échappe dans le retrait d'autrui. Le parano avance alors en montrant son masque du doigt, obligé de rire jaune quand l'audacieux le traite de « sensitif » ou de « persécuté ». Oui, je suis persécuté ; pas au sens où vous l'entendez, pour de vrai, vous le savez bien. Vous en jouez contre moi, avec les autres, car je le soupçonne, même si c'est inconscient (bénéfice du doute !), vous êtes tous complices, tous ligués.

Je suis persécuté du seul fait que mon amitié est à sens unique, ou toujours excédentaire par rapport à la vôtre, que je me sacrifie pour vous. Comme ma mère juive, ou pied-noir ou corse, se sacrifiait pour moi. Le sacrifice est une pièce maîtresse de la paranoïa sensitive, celle qui n'est pas encore délirante. Certes, le doute subsiste. Parfois même l'autocritique : « j'aurais pu faire mieux ». Il arrive aussi que l'humour entre en compétition avec la parano, la distanciant par une autodérision salutaire. Humour qui permet de dire « je sais que je suis parano, mais... ». Tout est dans le mais ; au fond de soi, on reste convaincu que cette autocritique humoristique est une manière de détendre l'atmosphère, d'améliorer une situation quand elle est allée un peu trop loin, sans céder sur l'essentiel. Elle est un repli tactique, devant l'autre et devant soi-même.

Dans la folie, « la réalité est pervertie même si elle garde un ordre » (Lacan) ; dans la parano sensitive, le mouvement psychologique est infiniment plus mouvant avec des plages de tendresse, d'humilité, de joie de vivre, une coexistence plus ou moins pacifique entre des éléments de sens contraire, des élans qui vont de l'exaltation mégalomaniaque du moi à l'autodépréciation persécutée la plus complète, succession d'équilibres instables, de convictions mobiles, de relative attention à la parole d'autrui. La pensée n'est altérée qu'en des moments aigus de crise, ce qui permet de contenir l'action dans des limites décentes : je ne peux pas m'empêcher d'écrire (pour un oui, pour un non) aux journaux ; mais je conserve à ces lettres une forme acceptable, souvent conciliante, parfois humble ; je ne démordrai ni du fond, ni de la pulsion épistolaire qui me fait écrire, même si je sens le ridicule de la chose.

La pulsion qui pousse à faire des choses, alors que vous savez que ce n'est pas dans votre intérêt ou que, même si cela est de votre intérêt, cette démarche-là risque d'être en trop, mal comprise, interprétée de travers, cette pulsion émerge du plus profond, s'impose à vous d'une manière irrésistible. Vous êtes acteur et spectateur dans le même temps. Il y a comme un sort archaïque qui vous serait ainsi lancé. C'est là, au fond de vous, prêt à surgir à tout instant un ami, pour blaguer, se moque de votre physionomie, de vos travers, de vos parents. Il est très en deçà de ce que vous vous permettez vous-même de dire, en public, sur les mêmes sujets. Mais lui, c'est lui, et vous c'est vous. Ce que vous pouvez vous permettre, vous l'interdisez à autrui ; ou si vous ne dites rien, si vous acquiescez en surface, vous le payez à l'intérieur d'un poids de souffrance inouïe, d'une suspicion qui va s'installer pour des mois, peut-être des années.

La sensitivité qui est la première marche d'escalier de la parano est bien plus porteuse d'effets positifs qu'on ne l'imaginerait a priori. Si elle entraîne la souffrance personnelle, elle n'est pas source de renfermement, bien au contraire. La forteresse est intérieure, elle déborde peu dans l'organisation de la vie. Comme la réassurance doit être constante, sauf à vous entourer de flatteurs (ce qui arrive, même pour les « petites gens »), c'est l'action, qui la permet. Il faut se dépasser et trouver, dans le regard de l'autre, ce démenti à votre inquiétude que vous cherchez tant et n'atteindrez jamais, cette confiance en vous-même qu'aucun succès pourtant ne vous donnera jamais vraiment. Peut-être est-ce de cette façon que se sont créées les œuvres maîtresses de l'histoire. Ainsi de ces peintres ou écrivains maudits dont la notoriété explose, qui reçoivent des louanges aussi excessives que le mépris qui les précédait, qui atteignent les sommets d'honneur ou d'argent avant de se replier subitement dans une misanthropie étrange. La reconnaissance devient vite un besoin toxicomaniaque qui, tant qu'il est satisfait, atténue les effets pervers de la sensitivité ; si elle vient à ne plus être suffisante, alors ce sont d'autres marches de l'escalier de la paranoïa qui vont être gravies, soit dans le domaine de la *quérulence*, soit dans celui de l'autodépréciation follement excessive.

La sensitivité exige la reconnaissance qui elle-même implique la réassurance. Rôle ingrat du conjoint, pressurisé, s'il ne comprend pas à mi-mot, ou du meilleur ami, de l'éminence grise, de la secrétaire préférée. La réassurance fait partie de cette toxicomanie sans drogue, mais non sans escalade ni dépendance. Si le préposé à la réassurance comprend, accepte dans le même temps qu'il sait créer l'atmosphère propice, la confidentialité exigée, l'escalade à tel instant indispensable, le système peut fonctionner sans dégâts. Si au contraire la lassitude, l'irritation, voire l'exaspération l'emportent, fût-ce à un instant fugace, c'est la déstabilisation aiguë, pouvant conduire jusqu'à la catastrophe affective, sociale, comportementale.

L'autre est toujours présent dans la parano, soit qu'il devienne le bouc émissaire du sujet, soit au contraire qu'il conforte le sujet dans son statut de victime expiatoire. Le parano ne joue pas le rôle de bouc émissaire ; il l'est malgré toute sa bonne volonté, son désir d'être l'homme quelconque. Ce n'est de la faute à personne, il y a là contre lui une fatalité de destin. Malgré la réassurance, qui deviendra flatterie, il se sent toujours incompris. Le couple réassurance-incompréhension se développe en une spirale infinie, bien qu'intermittente, où alternent les épisodes de dépression sans fond, pour des affaires insignifiantes, et des moments d'exaltation du moi dans lesquels, quoi qu'il arrive, quoi « qu'ils » pensent, le sujet est le meilleur, a raison envers et contre tout et tous.

La parano sensitive n'est pas sans charme pervers pour autrui, déstabilisé par des périodes de séduction souvent disproportionnées, suivies de moments de rejet ou d'agression dont il va se demander longtemps la raison.

Tout cela compose une existence en dents de scie, comme une mise en scène de théâtre à rebondissements et à quiproquos dans laquelle chaque acteur occupe une place fausse, objet de jalousies qui n'ont pas lieu d'être ou de compliments déplacés. Avec cette différence cependant qu'au théâtre, cela s'arrête ; les acteurs redeviennent eux-mêmes à la fin du spectacle.

Mais à parano, parano et demi. Espérant l'indulgence, la compréhension, vous pouvez être surpris de l'impact inattendu d'une agression bénigne ayant rencontré sur sa route le miroir d'une contre-parano. Ce peut être alors une escalade à deux ou à plusieurs, chacun cherchant à ne pas perdre la face et montant un à un les barreaux d'une riposte graduée. Combien de guerres idiotes ont été déclenchées dans ces conditions, cependant que les observateurs se laissaient duper par leurs justifications idéologiques ? Combien de massacres d'innocents, de destructions monstrueuses, de chagrin, de pitié, pour ne pas perdre la face dans un duo paranoïaque ? Qui se sait capable de commettre des actes injustifiés peut imaginer que d'autres, plus puissants, ne soient pas moins vulnérables. Les conséquences de vos débordements sont insignifiantes, les leurs démesurées, mais le mécanisme ne doit guère être différent.

Ce n'est pas simple rhétorique : j'ai le souvenir cuisant d'avoir annulé la sortie d'un jeune malade à l'hôpital psychiatrique parce qu'il avait eu le front d'être insolent lors du dernier entretien. Le remords que j'en ai eu n'a pas effacé la vilenie de l'acte, encore aggravée par le fait que je l'avais condamné, pour avoir persisté, à demeurer seul, sans vêtements, dans une chambre d'isolement.

J'ai mesuré à cette occasion la dangerosité du pouvoir et l'impérieuse nécessité de l'éthique, cette frontière que vous dressez contre vous-même, assurant l'étanchéité entre les problèmes personnels que vous rencontrez et la fonction publique que vous exercez.

Cette digue est-elle efficace chez un parano sensitif ? Oui – au prix d'une souffrance intérieure, d'un conflit intime, comme s'il s'agissait de dompter une bête sauvage qui ronge, mauvais démon incitant au passage à l'acte.

La digue s'effondre si la réalité est suffisamment pervertie pour donner à votre opinion, ou votre acte, la qualité du seul vrai possible dans le même temps où elle conserve un ordre qui vous rassure et conforte, même si vous êtes seul contre tous, votre décision. Elle s'effondre si votre intime conviction est placée à l'abri de la douleur d'un doute, de la souffrance d'une injustice, du remords de l'irréparable. La sensitivité, comme la vraie paranoïa, ne peut se développer que s'il y a un minimum de cohérence entre la conviction intime et l'ordre extérieur que vous vivez comme la réalité vraie. Il faut et il suffit que cet ordre vous conforte dans cette position, persuadé que vous êtes, que la carence de perception, d'émotion, d'affectivité est chez les autres, tous les autres.

Pour se référer à la paléopsychiatrie kraepelinienne, il faut un faisceau convergent entre le penser, l'agir et le vouloir. Si l'incohérence, voire le simple doute, s'introduit dans le triumvirat, alors se développe la dépression mélancolique ou la dissociation délirante. Certes, le doute existe toujours ; mais il vient après, au cours d'une autocritique solitaire, intime, extrêmement douloureuse, qui n'implique pas la reconnaissance de sa faute mais une nouvelle fuite en avant. Il faut à la parano la douleur d'un autre vrai. Aussi importante soit-elle, surtout si elle est à l'extrême, elle est comme le manque de la drogue : détour obligatoire pour vérifier qu'il n'existe pas d'autre voie que la rechute, que les arguments de cette sensitivité organisée en système.

Dans le même temps, elle est une ultime réassurance : je suis normal puisque je souffre ; ma conviction n'est pas si totalitaire que cela. Un peu comme ces exercices qui vérifient l'efficacité de la mémoire, plus angoissants à mesure qu'elle s'érode et cependant toujours recommencés. Doute et certitude forment un duo indissolublement lié dans une dynamique dont le mouvement même rend supportable la sensitivité en maintenant la relation à l'autre. Tout amoureux sait cela : s'il ne doutait pas de sa certitude d'être abandonné, il le serait vraiment, sa rigidité totalitaire effrayant l'autre et l'éloignant.

Mon stock d'images plus ou moins anciennes, les croyances familiales sont pour beaucoup dans mes émotions d'aujourd'hui, dans ma posture a priori défensive vis-à-vis de l'autre. Celui qui ne sait pas prend pour de la morgue prussienne une timidité effrayée, née à l'école communale, au moment terrorisant où il fallait décliner nom, prénom, nationalité, pour la première fois. Tout Juif porte en lui l'expérience de cette barrière, visible et invisible, d'autant plus dure à supporter que, quand l'autre ne sait pas encore, il est doux, chaleureux, amical. Mon stock, c'est mon grand-père, frappé, insulté en pleine rue à Berlin par un SS ; lui, l'homme le plus digne du monde, il n'a pas riposté, fuyant, humble, courbé, demandant sans mot dire la compréhension de l'enfant de quatre ans que j'étais. Contrairement à ce que l'on pourrait penser, mon univers ne s'est pas écroulé ce jour-là. Il s'est vérifié. Ce n'était purement et simplement que ce que je ressentais d'une manière immémoriale. C'était la confirmation d'une évidence : la parano des adultes commence me semble-t-il très tôt dans leur enfance, tout près de la sortie de l'utérus maternel. Du moins pour moi, qui ai manifesté ma désespérance, ma haine, mon agressivité le jour de mon troisième anniversaire quand ma tante détestée m'avait offert ce pyjama, au lieu du jouet tant désiré, selon un enchaînement dont je me souviens qu'il m'avait paru aussi inéluctable que la gifle donnée à mon grand-père. Dans l'ordre des choses.

Aussi loin que je me souvienne, avec l'estompe du temps, j'ai eu le sentiment d'une certaine hostilité de l'entourage, en tous les cas d'une incompréhension, d'une fausse gentillesse ou pire, d'une absence de gentillesse là où il aurait fallu me témoigner quelque attention, de petits égards, un regard qui m'aurait permis d'exister. L'enfant que j'étais, me semble-t-il, vivait sensiblement sa différence, d'autant qu'à Berlin, le beau s'incarnait dans le grandiose des fêtes nazies, les uniformes SS, les défilés magnifiques, toutes choses qui m'étaient interdites. Je le savais, je l'admettais comme une évidence, une donnée génétique, que je pouvais, au mieux, dissimuler. Prendre à deux ans la place de la victime est une expérience qui marque à jamais le caractère, ensevelit la grande peur sous l'agressivité, vous incite à avoir une attitude carnivorique vis-à-vis du pouvoir ou de l'argent. Vous répondez peu à peu à l'image caricaturale que les autres se font du Juif, du Nègre, de l'Arabe, ce qui, dans une réaction en chaîne, suscite une hostilité plus ou moins larvée, laquelle renforce à son tour la sensitivité dont vous êtes l'héritier transitionnel.

La grande peur est la locomotive de toute histoire de parano : peur de ses origines, de la laideur, de l'obésité, du port de lunettes... De l'insignifiant au signifié majeur, tout entre dans la peur, colle à la peau, jongle avec la disproportion, raidit les attitudes. Elle apparaît toute nue, douloureuse à l'infini, dans des moments « privilégiés » qui culminent au soir de la vraie mort, quand votre lutte apparaîtra vaine, vaincue, minuscule devant la grande comparution. Pourquoi et où la peur commence-t-elle ? Dans cette injustice de recevoir un pyjama au lieu d'un jouet ? Apparemment, toutes les raisons pour offrir un tel cadeau sont valables et justes. Toutes sont avouables sauf la majeure, la pire, celle non dite : faire souffrir l'enfant sans qu'il n'y ait rien à reprocher, véritable raffinement dans l'usage sadique d'une vraie méchanceté enveloppée dans une fausse bonté. C'est à sa belle-sœur que la tante en veut ; mais parce qu'elle n'ose pas l'affronter directement, c'est l'enfant qui trinquera, et il sera en outre obligé de remercier. L'enfant qui ne sait pas qu'existe la haine entre les deux belles-sœurs se croira coupable d'une faute archaïque : elle doit bien exister puisque le châtiment est bien là. Des prémisses fausses entraînent un raisonnement juste. Alors, si, de manière répétitive, des actes qui le concernent sont interprétés par lui comme des vérifications de son hypothèse originelle, l'enfant devient « l'idiot de la famille », provoque à son tour, par des réactions disproportionnées, sur fond d'un non-dit censuré, des sanctions, une irritation, et tue le plaisir qu'on peut avoir à le fréquenter. L'idiot de la famille devient vite un bouc émissaire qui, ne trouvant pas la réassurance nécessaire au sein de la famille, va élargir peu à peu, à l'école, à l'armée, au travail, le champ de ses vérifications, des pièges qu'il tend à l'autre, afin de savoir ce qu'il en est vraiment. Quête absurde puisque le point de départ n'est pas l'autre mais le péché originel, la faute archaïque d'où tout est parti.

Si la petite enfance joue un rôle fondateur, ne serait-ce que dans l'apprentissage de la loi, c'est surtout quand l'enfant confronte le vécu familial avec le vécu extérieur que la sensitivité va devenir mode d'existence, manière de ressentir, d'être, de souffrir, parfois jusqu'à l'organisation d'un réseau quasi délirant.

Je me souviens, comme le héros de Flaubert, des premiers jours d'école, l'atroce peur au ventre. Premiers stigmates de la différence – du moins pour moi – car je crois bien que les autres n'en avaient que faire (il suffit cependant d'un seul, bête et méchant, pour que la différence devienne supplice, ouvrant la porte au rôle du bouc émissaire). L'école où il fallait séduire, être chef de bande pour ne pas périr, toutes choses que les parents n'ont jamais su, encore moins deviné, eux qui trouvaient cet enfant renfermé. Quand il avait de rares amis, c'était pour être jaloux de l'un ou de l'autre qui tissaient entre eux d'autres rapports qui l'excluaient, lui qui pourtant les avait fait se rencontrer.

Puis quand, tant bien que mal, la règle du jeu de l'école

a été assimilée, en étant bien élevé, en ayant séduit ou acheté les plus grands, les plus forts, arrive le temps atroce de l'adolescence, de la concurrence, des émois sexuels, du culte du corps. Sentiment exquisement douloureux de n'être ni séduisant, ni beau, mais de posséder l'arme de l'intelligence pour contourner l'obstacle jusqu'à ce que le drame d'un amour non partagé, ou pire d'une demande à laquelle on répond par un rire de mépris ou de pitié, fasse que l'univers s'effondre, que les défenses s'affaissent. « Tout le monde m'en veut », d'une manière définitive, pour la vie. Pour s'épargner pareille déconvenue, ce choix du partenaire, de l'être aimé, ne va pas se faire en fonction du plaisir, ou du désir ; il va s'orienter vers quelqu'un supposé suffisamment inférieur pour qu'un refus ne soit pas possible, couple construit sur l'intime conviction jamais formulée pour l'un qu'il a choisi l'autre en fonction d'un possible, non d'un désir ; pour l'autre qu'il n'est aimé que faute de mieux.

Ainsi d'incidents en événements, de non-dits en passages à l'acte, s'accumulent les cicatrices d'innombrables blessures qui charpentent une vision du monde où ce n'est pas le réel qui est vrai, mais votre vérité qui devient le réel dans une relecture subtile, de plus en plus organisée, de votre relation aux autres. A priori, vous êtes en territoire ennemi. Pour en démordre, il faudra de multiples vérifications, se faire répéter une invitation à laquelle vous hésiterez à répondre faute de savoir si vous êtes ou non le bienvenu.

La sensitivité est transgénérationnelle, alimentée par l'histoire des peuples, des minorités, des familles, transmise à sa façon par la mère, ou la grand-mère, qui tisse cet état d'esprit particulier, dans une interprétation toujours si proche de la vérité qu'on ne peut pas ne pas lui faire crédit.

J'ai appris ainsi, dès mon enfance, que tous les Polonais sont antisémites. On ne peut pas dire qu'ils ne le sont pas. Tous ? Un petit adjectif suffit à dévier la trajectoire de la réalité.

# LA GLACE NAPPÉE DE CHOCOLAT BRÛLANT

Si j'accepte d'être parano, je ne veux pas être paranoïaque ! C'est la frontière de l'autodérision, du sens critique, du libre arbitre : ce regard, tourné vers soi qui limite les dégâts, permet de ne pas aller trop loin, de n'être pas déconnecté des autres, avec l'environnement. Je ne suis pas paranoïaque. Mais les autres le savent-ils ?

Sartre dit des Juifs, approximativement, qu'ils naissent assimilés et que ce sont les autres qui font la différence. Comment expliquer que l'antisémitisme, avec degrés divers de virulence, puisse exister chez les Allemands hystérisés, fanatisés par Hitler, les Irakiens de Saddam Hussein et par exemple, ces peuples démocratiques, résistants, cultivés, que sont les Anglais ou les Français ? L'exclusion n'est pas seulement un fait social ; elle est aussi dans l'imaginaire de l'individu ou des masses. L'exclusion n'est pas un chemin à une seule voie, du bourreau vers la victime. Lorsque l'exclusion est marquée socialement, elle est douloureuse mais aussi rassurante : votre place est indiquée, contraignante. Par contre, lorsque l'exclusion est « dans la tête », la douleur est autrement plus intolérable, personne ne pouvant vraiment savoir où s'arrête la part du subjectif, strictement personnel, et où commence l'objectif.

C'est ainsi que se pose la question du passage à autre chose, plus massif, plus irréductible. A ce qui n'est pas reconnu par les autres comme un défaut, une excessivité justifiant ironie ou précautions légères ; une production de votre imaginaire qui fait peur, qui va vous isoler, vous faire désigner comme différent, comme malade.

Est-on soi-même conscient, Docteur Jekyll et Mister Hyde, du côté non plus seulement disproportionné mais pathologique de son mode d'être au monde ? Ou bien s'agit-il d'un véritable renfermement dans lequel la distance à soi-même n'est qu'une concession superficielle faite aux autres, compromis a minima pour éviter l'asile, le stigmate de la folie ; concession devenue d'ailleurs inutile si la jouissance d'un pouvoir tyrannique sur tel ou telle, voire sur des foules ou des peuples tout autant fanatiques qu'enchaînées, vous délivre de l'obligation de sauver les apparences.

Il y a bien des paranoïas, de la paranoïa totale, envahissante, sans marge d'autocritique même s'il n'y a jamais de systèmes psychiques entièrement totalitaires et exempts de souffrance jusqu'à la coexistence, plus ou moins masquée, d'un mode de pensée « normal » avec un autre système qui parasite le premier, même s'il est le plus souvent contrôlé, « remisé » dans le non-dit intime de l'individu qui ne se démasque que dans certaines circonstances sociales, ou par fulgurances quand une flèche vous blesse dans l'être.

Tout dépend de l'histoire antérieure, du jeu subtil entre

le non-dit et la critique de soi, avant le basculement. Si l'autocritique a pu se développer avant, elle survivra plus ou moins. Faute de cette distance à soi, le système totalitaire l'emportera surtout si, en face de soi, le paranoïaque ne rencontre que la faiblesse ou la peur.

Le « vrai » paranoïaque fascine quelquefois par sa détermination, ses possibilités illimitées de transgression. Il fait surtout peur par sa capacité à tout instant de passer à l'acte sans qu'aucune règle du contrat social ne soit respectée, sans que l'on puisse prévoir l'intensité, l'extension de l'acte. Parfois, il semble que l'argument, le raisonnement, ont convaincu le paranoïaque. Mais c'est précisément au moment où tout paraît à nouveau calme que l'explosion se produit, sous l'effet d'une force irrésistible, d'un choc atomique entre l'émotion intense, la peur profonde, la certitude de ne pouvoir faire autrement, cocktail d'affects qui constitue l'exclusion interne du sujet.

C'est que le paranoïaque, il faut s'en convaincre malgré les apparences d'une logique vraisemblable, vit dans un autre monde, ou plutôt à cheval sur deux mondes qui lui semblent aussi réels l'un que l'autre. Il n'y a pas de silence psychique quand il semble adhérer à tel ou tel raisonnement. Il y a compétition, inaudible, indicible entre une logique et une autre. Ce n'est pas le parasitage de la pensée normale, avec lequel il faudrait seulement composer ; c'est une machine en mouvement, un moulin qui moud sa propre poudre, plus vite, plus fort, plus loin que l'autre machine. Là, il rentre une quantité d'émotionnel, d'affectif, d'écorchures, de vérifications en apparence infinitésimales qui sont les munitions alimentant des missiles psychiques, lesquels vont tout submerger, ne concédant que ce qui n'est pas indispensable à cet autre vécu qui est autrement, qui est ailleurs. Le paranoïaque est, se vit en situation de guerre. Les ennemis sont visibles. Par des chemins que nous ne pouvons même pas imaginer, tel présentateur de télévision est vendu au KGB ou à la CIA. Il devient alors un ennemi personnel qui envoie des messages, et le sujet s'étonne, incrédule, que vous ne les perceviez pas comme lui. Même si les acteurs peuvent être interchangeables, ils participent d'un réseau plus ou moins occulte, en tous les cas, toujours menaçant, organisé en action constante. La guerre, personnalisée, entre le sujet et le réseau est douloureuse, inextinguible. Les souffrances ne sont pas feintes, elles sont tellement grandes, qu'elles engendrent les passages à l'acte qui sont l'arme terrifiante, mijotée, recuite de certains paranos. Cela n'empêche pas le charme séducteur du paranoïaque, ni une naïveté aussi simple qu'extraordinaire dès lors que la suspicion terrible qui l'anime cède, désarme un peu. On découvre alors que toute cette guerre, cette *quérulence* si terrifiante ne sont qu'armures, protections psychiques, forteresse de sable pour masquer la peur, *primum movens* de la démarche paranoïaque.

Entre la sensitivité et la paranoïa maladie, la différence est sociale et non pas de nature. L'une comme l'autre sont filles de cette rencontre avec les discriminations, les rejets, les humiliations secrètes ou avouées, vécues ou héritées, qui ont martelé un psychisme.

J'écris cela à Manille la douce, la perverse. Rien n'y prédispose à la parano et pourtant c'est là qu'est née l'impérieuse nécessité de ce livre. Paradoxe ? Non. L'instant s'arrête, je reprends souffle. Le cyclone de la fuite devant soi s'est apaisé ; je peux alors me regarder et me saisir. Dans la chaleur tiède de la nuit ou au petit matin luxueux, arrivent à l'improviste les questions. Pourquoi les autres ne vous aiment-ils pas, ou pas comme vous le souhaiteriez ? Il doit y avoir un truc. On doit les ennuyer, ne pas connaître le code. Ils nous ont tâté, jaugé, lancé des messages, puis ils ont cessé de faire signe. Malgré vos succès – tout relatifs – votre statut social – controversé bien sûr, et précaire, sans doute. Sont-ils jaloux, envieux, vous punissant par cette conspiration du silence ? Ce serait l'interprétation la plus rassurante. Mais est-ce la bonne ? Allons, raisonne-toi. Peut-être ne sont-ce ni des défauts qui susciteraient le mépris, ni une supériorité qui susciterait la jalousie ? Peut-être est-ce ton désir d'être aimé qui t'empêche de plaire, ta crainte d'être rejeté qui te conduit à l'être ? Peut-être es-tu trop occupé de toi, sous couvert d'appeler l'autre, pour lui faire la place qu'il espère ?

Ainsi peut-on passer du quantitatif au qualitatif, de la sensation au délire, de l'écorchure à la folie. Sans doute ne décompenserait-on pas si la succession d'accidents, d'échecs, de rejets trouvait à s'arrêter sur la digue d'une amitié solide, d'une relation valorisante, d'un dialogue rassurant qui volatiliserait l'atmosphère dépressive, mélancolique où tout se noie dans le sentiment grave, envahissant, définitif de l'inéluctable. C'est en effet lorsqu'il n'y a plus de résistance, plus assez de sûreté en soi, quand naît cette immense défaite intérieure, lorsque s'installe l'inéluctable que l'hyperesthésie se transmue en délire organisé. Malheureusement, le plus souvent, cette amitié est elle-même la première victime de la tornade persécutive.

L'inéluctable est ce maillon invisible, impalpable qui, dans le secret de soi à soi, vous condamne à une sentence inavouable. C'est un vécu, plus fort que tous sentiments, conforté par mille vérifications, un horoscope pessimiste, une réussite de jeu de cartes qui échoue, alors même que c'est vous qui lui avez fixé des règles trop contraignantes. La rencontre importante et qui se passe mal, parce que vous vous y êtes présenté avec un moral de vaincu, transmettant je ne sais quelles espèces d'ondes avertissant vos interlocuteurs de votre situation d'infériorité.

C'est contre l'inéluctable que se débat le paranoïaque. Puisqu'il y a complot organisé, la vie devient une mise en question permanente, une lutte contre l'étouffement, la mort par asphyxie (d'ailleurs, plusieurs délires ont un contenu où les gaz, les odeurs, les chimies sont mortifères). La violence paranoïaque est une violence d'autodéfense, seul moyen de mettre plus ou moins en échec l'inéluctable. Si le combat est perdu, l'inéluctable submerge tout le psychisme pour devenir délire, enfer sans fin ni solution.

Il est difficile d'imaginer le désespoir de l'homme à qui la télévision « cause », renvoyant à tel ou tel message précédent également dirigé spécifiquement contre lui. Au début, c'est tout banalement la rencontre entre un vécu intérieur angoissé, dépressif, et une série d'événements extérieurs négatifs (la guerre du Kippour pour un Juif). Puis, par un glissement qui n'est guère évident, l'universel se fait particulier, le général personnel : c'est l'identité qui est spécifiquement concernée, avant que le message ne devienne une torture spécifique, répétitive. La guerre du Kippour est une guerre contre les Israéliens, donc contre les Juifs, donc contre moi qui suis juif. La guerre du Kippour est une guerre contre moi. C'est à moi qu'ils en veulent spécifiquement. La persécution exige des réponses, une contre-offensive, voire une attaque préventive : le paranoïaque détruit le téléviseur devant son entourage atterré, qui essaie de lui faire entendre raison, ce qui n'est pas raisonnable puisque la victime est ailleurs, enfermée dans le monde et hors de lui, à l'acmé d'une montée irrésistible de la persécution inéluctable. Après, dans les intervalles de redescente, la victime, agresseur agressé, pourra retrouver un angélisme naïf, innocent, refoulant toutes manifestations du délire.

Si l'inéluctable est là, installé en maître, c'est que, dans l'histoire personnelle du paranoïaque il y a l'échec intime de la demande du désir. C'est à Manille la douce, perverse comme une tranche de citron, que j'ai commencé à écrire ce livre, ici, dans le paradis de l'angélisme apparemment naïf du désir, vénéneux. C'est en le satisfaisant le plus facilement du monde que le désir s'échappe toujours, là où il est inaccessible. La répétition de l'échec, l'évanescence d'un désir qui prend la place d'un autre, inexprimable, plus archaïque, plus fusionné comme celui du nourrisson pour sa mère, entraîne peu à peu, d'abord, le sentiment de frustration, puis, après la succession des actes non récompensés, l'installation dans l'inéluctable qui pourra déboucher, si la personnalité a été fragilisée par la famille, les institutions, la société, sur un véritable délire de persécution.

Ainsi de la jalousie (Marcel Proust, *La Prisonnière*) perpétuant un amour qui, sans elle, serait déjà éteint. Le délire de jalousie comme le délire de persécution sont, d'abord, désir de persécution et désir de jalousie. Ils masquent la crainte angoissante d'une non-identité, de la mort, de la non-jouissance. La perte d'un désir en quelque sorte positif conduit la victime à un désir de souffrance, persécutée ou jalouse qui le fait réexister, lui redonne du lien avec autrui, dernier rempart avant une dissociation sans buts ni projets.

Si le sentiment se structure comme un délire, c'est qu'en désespoir de cause, le sujet n'a plus rien d'autre à se mettre sous la dent : tout ce qu'il entreprend échoue, tous ses amours meurent, les fantasmes heureux ne peuvent même plus exister. Sans le délire, ce serait l'affreux silence. Le délire parle au-delà de son (non-)sens évident. Il témoigne de ce que la victime est nue, misérable, impuissante, mutilée par mille blessures secrètes, majeures ou minuscules. Puis, comme un coup de grâce, deviennent impossibles ou échouent les quelques créneaux d'activités ou de pensée dans lesquels le sujet s'était investi, pour lesquels il avait obtenu quelque vague reconnaissance.

Bien sûr, rien de cela n'est suffisant, ou bien le monde entier serait paranoïaque. Il faut les traumatismes initiaux, la relation de la mère à l'enfant, le non-dit du souffre-douleur, de l'idiot de la famille : enfant non désiré, enfant dont le sexe n'a pas été désiré, enfant difforme, enfant mal aimé ou haï des parents. Comme le dit Jacques Lacan dans sa thèse, « le délire est un symptôme dans un symbolisme social ». C'est de la place où il est, où on l'a mis, qu'un sujet délire. Le symptôme est bien long à se constituer. Il ne naît pas dans une soudaine irruption, masse greffée sur un psychisme sain comme une tumeur sur un sein épanoui. Il jaillit quand la garde est baissée, les relations biaisées, le désir en apparence satisfait. Manille la douce, la perverse, aux bouges incertains, verra s'affaler des ivrognes des quatre continents, radotant leurs misères, leur solitude, leurs haines, malgré les bras faussement tendres des courtisanes qui en savent trop pour s'émouvoir encore. Combien de mères embellies, parées de toutes les qualités, peut-être au contraire haïes, chargées de tous les péchés, sont évoquées là où leur image devrait être censurée, signe que le symptôme a absolue nécessité de se manifester quels que soient le lieu, l'heure, la distance ?

Les événements qui engendrent le symptôme sont bien loin, antérieurs, souvent archaïques. Ils peuvent être ou ne pas être importants. Répétitifs, accumulés, ils touchent plus le cœur que la raison, fils ou filles du doute de soi-même, de la mort ou la maladie rencontrés, du sujet constitué en bouc émissaire des fautes ou malheurs familiaux, des enfants nés à la place d'un enfant mort, avec un sexe non désiré, « poil de carotte » à la maison comme à l'école, plus bossu de l'intérieur que difforme de l'extérieur. Que d'enfances décrites comme banales, qui se révèlent à l'écoute des enfers à répétition : enfants cachés sous un faux nom pendant l'occupation ; enfants tremblant de peur à l'arrivée d'un père ivre qui provoque la mère et la bat, soumise, déjà apeurée, résignée ; enfants constamment « malades », traînés de médecin en médecin, subissant mille rééducations, portant des appareillages de torture ou tellement inesthétiques qu'ils provoquent le rire sadique à l'école ; enfants vécus comme laids, préparés à un triste sort par des parents favorisant le puîné avec une telle constance que le sentiment de l'inéluctable se constitue à bas bruit, annonçant déjà par des symptômes comme l'obésité ou l'anorexie que le ver est dans le fruit, le destin déjà tracé.

Le symbolisme social façonne, aggrave le symptôme par la rigidité de ses représentations, la loi qu'il construit, les modèles d'identification qu'il propose, forts en apparence, faibles en réalité. Là où la symbolique est faible, l'imaginaire devient monstrueux, malheureux, douloureux, entièrement soumis à la négativité. Si le réel y contribue par la farce de ses représentations, si les façades sont dignes et les intérieurs pourris, alors l'exclusion se fabrique dans l'imaginaire des plus vulnérables, le basculement progressif ou brutal se produit : nous sommes en « parano ».

Comme celles des toxicomanes les familles de paranos sont angéliques. A les entendre, le malheur serait entré par effraction, brusquement, soudainement, coup de tonnerre dans un ciel serein. En fait, il y a une très longue incubation, des « bizarreries » de comportement, qui se répètent et se rigidifient, qui se multiplient, alternant avec des états dépressifs, plus rarement d'exaltation. Ainsi ces repas de famille où, à l'occasion d'une dispute politique, ou d'argent, on assiste à une flambée quasi délirante, impossible à contrôler ou à arrêter, comme dans le dessin de Caran d'Ache à propos de l'affaire Dreyfus. Les haines familiales ne sont souvent que de petits monticules de parano accumulés au fur et à mesure des années.

Cette cécité angélique des familles n'est qu'apparente ; elle est le masque de conduites perverses, de soupçons susurrés, de provocations discrètes, de mépris inavoués. Elle dissimule aussi la part d'héritage familial – la persécution, comme la mégalomanie, étant par exemple transmise de mère en fils –, et l'héritage communautaire – esclavage des Noirs, colonisation des Maghrébins, pogroms et Shoa des Juifs, génocides des Arméniens. Parfois déniée, névrose aidant, cette transmission n'est jamais absente.

Pourquoi ce déni par le sujet de l'histoire individuelle et familiale ? Par un effet de paravent, la parano individuelle ou collective se reporte sur d'autres causes, investit des ennemis imaginés pour masquer l'angoisse présente ou mémorisée de persécuteurs réels. Déni en demiteinte la partie du moi convaincue du préjudice, de la haine, du mépris, n'ose pas le dire, car l'autre moitié, dans une scission permanente, critique le sentiment délirant avec la conscience qu'il s'agit d'une affaire très personnelle, peut-être sans rapport avec le réel. J'ai suivi comme cela l'évolution d'un camarade africain qui affirmait mi-certain, mi-incrédule, que les gens le dévisageaient avec haine dans le métro. A l'époque, il était ou s'efforçait d'être accessible à notre critique d'abord étonnée, puis ironique. Nous pensions l'avoir convaincu. Nous l'avions seulement obligé à se censurer. Plus tard, devenu chef d'État, il se mit à persécuter, à tuer, non seulement des adversaires politiques avec lesquels il était en concurrence, mais ses amis étudiants qui, du temps de sa jeunesse, lui avaient porté ombrage.

Le sentiment légitime de blessure devant le racisme peut devenir paranoïaque lorsqu'il s'exprime avec une violence démesurée. Où est la frontière entre le réel et l'imaginaire quand la paranoïa se justifie par les faits ? Car les faits n'ont pas le même sens pour le descendant d'une lignée de persécutés et pour ceux qui n'ont jamais été victimes. Pourtant le descendant d'esclave est autant dans la vérité que l'innocent sans passé ou du moins sans culpabilité. Paranoïa ou vérité ? C'est le rapport au social qui tranchera ; tel descendant d'esclave sera paranoïaque dans une société occidentale alors que dans un autre contexte, parmi ses frères, au sein d'un culte afro-brésilien par exemple, il sera dans le réel social, reconnu par les autres, là où ils se sentiront en communauté de destin, là où un contre-symbolisme social entrera en concurrence avec l'autre, le majoritaire dominant.

La paranoïa se joue dans le couple dominant-dominé sans que la domination soit évidente, tant elle peut être intériorisée, censurée, surtout par la victime qui peut ne pas réaliser les véritables sources de son sentiment d'injustice, du préjudice qu'il croit subir. Tant de gestes, de paroles, prêtent à équivoque, peuvent dans un contexte affectif blessé, meurtri, être interprétés comme des atteintes spécialement dirigées contre vous. Une surveillante d'hôpital atteinte du délire de persécution, à qui l'on faisait remarquer qu'elle avait côtoyé pendant vingt ans des malades exprimant les mêmes thèmes, répondait invariablement : « Eux, ils délirent ! Moi, c'est vrai. »

Le « tricotage » du rapport entre le réel, le pathologique ou le vécu est complexe, labile, bien plus variable que les manuels de psychiatrie ou de psychanalyse semblent l'indiquer. Dans ce labyrinthe, la prémonition occupe une place considérable : le sujet voit venir des événements hostiles, il pourra ainsi vérifier sa persécution puisqu'il savait. Lorsqu'il ose le dire, son entourage le tourne en dérision, renforçant le sentiment d'être incompris, pouvant légitimer le passage à l'acte. La paranoïa est faite aussi de choses mystérieuses, alogiques, instinctives, archaïques, primaires, que le causalisme habituel n'explique pas. L'intensité des affects rend possibles ces prémonitions à la fois redoutées et recherchées pour le plus grand profit de la culpabilité. Le cycle prémonition-vérification-punition se déroule dans une atmosphère où l'angoisse est l'élément dominant. Kraepelin a dit que la conviction pathologique est impossible à ébranler. En vérité, ce n'est pas le cas : il existe une grande mobilité des états d'âme. La conviction n'en est que la résultante. La différence entre la conviction délirante et ce qu'on peut appeler la lucidité créera les états de panique, d'angoisse folle, compensés par une rigidité protectrice. Ce n'est pas la conviction délirante qui est impossible à ébranler, c'est plutôt l'armada d'orthopédie psychique qui l'empêche de se fissurer parce que, à sa place, il n'y aura que l'immense angoisse de non-vie, de rien, de dissociation. Le passage à l'acte exprime certes l'immense douleur, mais en même temps il protège contre elle, coupe les ponts, installant le sujet dans un véritable camp retranché. La paranoïa est à la fois la coupure avec le réel et la protection contre cette coupure même. Un exemple presque caricatural est celui des toxicomanes aux amphétamines, normaux à la prise des produits, excités, exaltés au sommet de leurs effets, puis, dans ce qu'on appelle la descente, l'univers entier est hostile, pour finir dans un état quasi mélancolique dans lequel la parano disparue laisse le sujet si nu, si misérable, que, malgré les souffrances, le prix à payer, la psychose paranoïaque, quasi impossible à vivre, est encore préférable à la lucidité.

Les signaux, les compteurs qui entrent en état de paranoïa, de ce qu'on peut appeler le fait paranoïaque, deviennent petit à petit aussi indispensables au sujet que le manque pour les toxicomanes. Le manque permet au toxicomane de vérifier qu'il est dépendant du toxique merveilleux, le signal rappelle au parano la souffrance exquise du masochisme. D'où les démarches incessantes pour se faire rejeter, les congés de maladie indus, les provocations vis-à-vis des autorités, la possession démonstrative d'armes.

Dans cette quête de vérifications, le paranoïaque est un être actif, un homme pressé. Il va au-devant de l'adversité, la recherche, la provoque. En pleine manifestation devant un peloton de gendarmes pour les traiter d'assassins, récoltant les coups et les blessures lui permettant de justifier son statut de victime. A la différence du délirant halluciné, il ne remplira pas ses oreilles de « boules Quiès » pour ne pas entendre l'inaudible. Il recherchera au contraire le contact. Sa méfiance, pourtant grande, ne l'empêchera absolument pas de s'exposer au danger. S'il possède le pouvoir, il multipliera à l'inverse les pièges envers ses subordonnés, ses compagnons, ses amis, jusqu'à ce que l'un d'entre eux succombe, prouvant ainsi que l'ensemble du système est vrai. Les dictateurs emprisonnent, torturent surtout leurs fidèles compagnons afin qu'ils avouent, avant de mourir, leur forfaiture. Qui n'avouerait pas dans de telles conditions ? Dès lors, le système, comme Moloch, va dévorer ses parents les uns après les autres.

Le paranoïaque est insatiable. La preuve est toujours ambiguë ; elle est contestée (souvent avec beaucoup de prudence) par l'entourage (encore qu'il puisse exister des délires à plusieurs, des délires de groupe). Alors il en faut d'autres. Ou bien, au contraire, il n'en faut plus, tout est dit, le monde est hostile, il reste à s'enfermer dans son domicile transformé en fort Chabrol, arme au poing : tels sont les forcenés qui, à l'occasion de petits litiges, peuvent devenir extraordinairement dangereux, surtout si, la haine devenant active, ils sortent pour régler leurs comptes et tirent dans la foule au hasard.

Alors que l'hyperesthésie préparanoïaque est essentiellement défensive, la paranoïa maladie est à la fois pensée et agie. Même si elle est constituée de sensations, d'affect, d'atmosphère plus que de raisonnement logique, il faut qu'elle s'organise, devienne un système, un mode d'être au monde. Le paranoïaque, si dangereux qu'il puisse être ressenti, est l'arroseur arrosé, l'homme qui se donne des verges pour se faire battre : un magistrat, se sentant menacé, avait truffé son jardin de pièges explosifs ; un jour, par inadvertance (ou par autopunition), il avait lui-même déclenché le mécanisme, puis était allé se plaindre le lendemain au commissariat de police de cette agression qui, loin de lui faire retrouver le « bon » sens, avait renforcé sa conviction délirante ; il fut interné.

Il y a un ordre dans la façon de penser, d'agir, de vouloir du paranoïaque (Kraepelin), alimenté, comme la voiture par l'essence, d'éléments affectifs, irrationnels, évoluant par grosses poussées passionnelles, même si elles sont longuement réfléchies, incubées. La paranoïa avance à cette double vitesse : ordre et folie, ordre fou, folie ordonnée. La passion du paranoïaque est une glace froide, nappée de chocolat brûlant. Cohérence et incohérence cousinent, même si l'économie psychique du pathologique semble calquée sur la structure normale. Dès lors, la réponse doit elle aussi être à la fois cohérente et incohérente, mue par l'ambigu sentiment que le paranoïaque a à la fois tort et raison.

# LE TRAVAIL DU REFOULÉ

L'œil moustachu du Führer évoque à tout être sensé ce que peut être un délire paranoïaque en action : une conviction intense fondée sur des prémisses fausses, totalitaires, scandaleuses ; une série de passages à l'acte plus extraordinaires et effrayants les uns que les autres, qui se justifient les uns par les autres dans le cadre a priori bâti par le sujet. Sous réserve que quelques germes de vérité confortent sa vision du monde et sa vision aux yeux du monde. La paranoïa est toujours un délire en action. Autrement elle n'existe pas ou il n'existe qu'elle, tout homme amoureux, passionné, jaloux, interprétatif, étant alors paranoïaque. Il faut de l'action, structurée, préméditée, en ordre, pour que la parano existe. Il y a des millions d'Hitler en pensée ; mais qu'ils soient dictateurs ou surveillants de prison, ménagères érotomanes, ou habitués du Café du Commerce, seuls ceux qui font ce qu'ils disent sont fous, authentiquement, sans discussion possible.

Ceux qui disent sans faire, ou pensent sans dire, ceux qui partagent dans le secret du non-dit les mêmes intimes convictions, les mêmes désirs de vengeance, les mêmes haines recuites, peuvent, en des jours où l'éthique disparaît, se reconnaître en ces leaders fous, et les suivre dans leurs plus abominables monstruosités.

On imagine toujours le paranoïaque malade sous les traits d'un personnage raide, colonel ou magistrat à la retraite, la rigidité psychique se trahissant dans la rigueur de traits ou d'allure. En fait, il est des paranoïaques faussement aimables jusqu'à l'exagération servile, ou bien doucement souriants, benoîts, chafouins. Dans les asiles anciens, il arrivait que les « bons » malades, à l'échine souple devant le personnel médical ou infirmier, fassent régner la loi, ou la terreur parmi les autres hospitalisés. En liberté, entre les passages à l'acte, ce sont des citoyens respectueux des lois et de la hiérarchie, souvent avec excès, scrupule, jouissant intérieurement de se sentir dominés. Ce sont des volcans en apparence éteints, qui couvent des torrents de lave et dont on ne sait jamais quand ils entreront en éruption. Les petits paranos, hyperesthésiques, blessés à vif, témoignent souvent par leurs emportements, leurs querelles pour un oui pour un non, de la corde raide sur laquelle ils marchent. Les grands délirants, eux, peuvent être extrêmement réservés, silencieux, n'exprimant leurs thèmes absolument ahurissants, monstrueux, morbides, mortifères que lorsqu'ils sont mis en confiance ou lorsque la situation de pouvoir qu'ils ont les autorise à le faire. J'ai le souvenir d'un étrange garçon, long, filiforme, ayant la tête de son emploi de clerc de notaire, qui au dispensaire attendait patiemment son tour pour, une fois introduit dans mon cabinet, m'annoncer qu'il allait tout faire sauter, mon personnel et moi-même y compris. Cet homme austère, strictement vêtu, devait être pris au sérieux : il avait déjà agressé sa voisine. Il m'a toujours fait confiance ; j'ai constamment eu peur. Pendant des années, il n'a jamais manqué un rendez-vous pour m'exprimer sous un mode ou un autre, toujours dans le calme, la même menace. Un jour, pourtant aussi ordinaire que les autres, il a sorti un couteau ; nous l'avons interné, comme après l'agression de sa voisine.

Pour d'autres, une situation monotone, répétitive, devient soudain insupportable. A l'inverse, comme les persécutés/persécuteurs, l'homme va accumuler les provocations, poussant l'autre à réagir, entraînant son environnement dans la spirale des insultes, de la violence, de la vérification dans les faits de la persécution.

Pour de tels malades, le face-à-face habituel de l'homme normal avec le délirant secret qui est en lui ne tient plus la route, à tel ou tel moment ; ce qui n'était que défaut de caractère, travers plus ou moins menaçant, s'enfle dans le délire, s'installe dans la violence avec une atmosphère terrifiante, ou terrorisée, de pathétique souffrance que dissimule la rage froide, sanguinaire, sans pitié. Alors le paranoïaque est tout seul, emmuré dans sa conviction, ressentant des évidences qui ne sont pas les nôtres, dialoguant avec des ennemis imaginaires qui ne lui répondent qu'à lui seul, le provoquent, l'insultent. Ce speaker de télévision fait, par exemple, partie d'un vaste complot, s'adresse à lui au nom du KGB ou de la CIA ; vous ne le voyez donc pas ? Il insinue de fausses nouvelles, organise les massacres, est membre clandestin d'un mouvement nazi. Le poste de télévision lui-même émet des ondes menaçantes, cessant d'être un simple appareil pour participer du complot. Je dois le détruire. Le passage à l'acte peut entraîner momentanément un soulagement ou un retour au réel. Ce ne sera qu'un répit permettant une sur-dissimulation, avec pseudo-regrets ou remords, dans le but d'éviter la sanction qui fait elle-même partie du complot. Ce ne peut être qu'un répit car l'envahissement du champ de la conscience est total, ne se laissant que peu entamer par le retour au réel. Le mal est « autour de lui, non en lui » : tel est le réel du paranoïaque. Alors, contre vents et marées, il faut que cela cesse, quel que soit le prix à payer. Le paranoïaque n'est pas un homme heureux, sûr de son bon droit, bloc de béton indestructible. Devant la souffrance incommensurable, il peut même arriver qu'il se suicide lors d'une descente dans le réel ou quand le cauchemar des ennemis partout semble trop grand, trop fort. Le suicide cependant est rare, car justement la paranoïa est l'ultime rempart contre l'angoisse de mort. Le paranoïaque persécute pour n'être pas persécuté, il tue pour ne pas être tué. Il métabolise l'angoisse de mort, et la dette primitive que tout être humain doit payer.

Pour survivre, le paranoïaque se fabrique un idéal du moi sans nuages ni défauts. La moindre faille rompt le barrage qui retient le torrent de l'angoisse. Le paranoïaque n'est pas débiteur mais créancier de l'autre, des autres. C'est pour cela que le persécuté devient persécuteur : il faut que justice lui soit rendue, non seulement pour lui mais pour l'exemple, le crime ne pouvant pas rester impuni. Lui ne sait pas que, même s'il y a quelques bribes de vérité persécutive chez l'ennemi, le crime est presque toujours imaginaire, la faute disproportionnée par rapport au passage à l'acte. Tout le travail psychique, intense, solennel, du paranoïaque vise à systématiser ce qui, à partir des prémisses fausses, va constituer un ensemble extrêmement logique. D'un côté, il y a l'atmosphère avec ses sensations de malaise et d'étrangeté, de l'autre un délire systématisé qui utilise l'atmosphère angoissée pour mieux s'organiser comme il s'organise pour mieux s'angoisser. Lorsque l'intensité affective de ce mélange devient trop grande, il faudra une décharge, un passage à l'acte pour soulager la tension extrême, passionnelle, totalitaire (au point d'en paraître ridicule, ce qui n'est pas fait pour arranger les choses).

Depuis Freud, pour la paranoïa, comme beaucoup de souffrances psychiques, l'une des clefs réside dans la sexualité, ses défaillances ou ses transgressions : sexe minuscule, éjaculations précoces, absence d'érections, incapacité à jouir ou à faire jouir peuvent être compensés, c'est un lieu commun, par le pouvoir, la forteresse en béton qui permet d'échapper au discours de l'autre, à ses sarcasmes, à sa fausse pitié. L'inceste ou son désir halluciné chargeant de culpabilité mal définie le sujet, aggravé par les aléas de la vie, les abandons maternels, les pères impuissants, pourtant dominateurs, construisent l'image du moi si ébréchée du paranoïaque.

C'est cependant l'homosexualité non acceptée, refoulée, effrayante, qui emporte la palme, vite reconnue dans la symbolique du rêve, dans celle du délire. Cette « anormalité » est vécue d'une manière si angoissante, faute de la faute, que certains renoncent à toute sexualité plutôt que d'en approcher par un fantasme qui largue les amarres. Le conservatisme des paranoïaques, leur rigidité, en dehors du délire, s'explique par le rapport à l'ordre, surtout sexuel. Le désir est tellement censuré que le passage à l'acte reste quasi impossible, ou extrêmement frustrant parce qu'il menace l'ordre nominatif, d'une façon rampante. La disposition sexuelle doit être refoulée, ou au mieux rester suffisamment latente pour que le conflit ne puisse pas éclater à la vue des uns ou des autres.

Le désir homosexuel est d'autant plus interdit, plus effrayant que son objet peut être nommé : le père, comme figure du désir ou au contraire de l'interdit. Père qui a lui-même une part d'homosexualité, le plus souvent interdite, ou qui est en tout cas vécu comme incapable de faire jouir la mère ou bien au contraire père rigide, autoritaire, masquant toutes ses faiblesses dans un rappel à l'ordre constant qui le protège contre un rapport incestueux, qu'il s'agisse du fils ou de la fille.

La répression primitive, normale, qui permet au tout petit enfant de faire l'apprentissage des lois, est chez le futur paranoïaque à la fois trop réussie et mise en échec. Elle laisse s'installer d'une manière rampante la latence armée du délire, alimentée par les frustrations inéluctables de la vie et en même temps elle suscite un idéalisme aussi passionné que justificateur que l'on retrouve si facilement dans les groupes extrémistes, les individus qui vont à l'extrême de leurs convictions, de leur foi. L'intégriste, avant de s'immoler sur un bûcher, brûlerait avec un sadisme jouissif tous les hérétiques de la terre.

Cette répression n'est pas acquise une fois pour toutes. Toute la vie du sujet sera dominée par des « conflits éthiques d'ordre sexuel » (Kretschmer). Nous savons l'importance de tels conflits chez le pervers ou le toxicomane. Lorsqu'il s'agit de délire, on a tendance à confondre ces conflits avec des symptômes. Or le conflit est permanent, le symptôme est dans les actes : masturbation répétitive qui se prolonge, même après une sexualité dite normale, réussie, perversions sexuelles fortement combattues, qui, si elles s'expriment, entraînent une culpabilité profonde, un enfoncement mélancolique rendant ces sujets aussi dangereux pour eux-mêmes que pour autrui. Le combat de l'ordre avec la pulsion est épuisant. Si l'ordre triomphe, la plupart du temps grâce à l'intervention de l'éthique commune intériorisée par le sujet, il peut ne pas être suffisant lors de situations vécues comme vitales pour le désir : tel père préférera voir son fils devenir fou, organisant cette folie dans un cycle d'amour fusionnel, et de répression sauvagement corporelle, plutôt que de le laisser quitter la maison, avoir une amie, surtout tuer symboliquement le père en refusant de le suivre dans son idéologie ou ses pratiques religieuses.

L'impatience, la rage, l'impossibilité absolue de supporter la frustration quand elle concerne l'objet vital du désir contrastent avec la capacité étonnante de soumission orgueilleuse à l'ordre : le père démiurge de la folie du fils est un secouriste charitable, toujours disponible, qui se dévoue pour la vie quotidienne de sa paroisse ; à y regarder de plus près, même là, il est plus respecté, voire craint, qu'aimé tant son autorité est fondée sur un mélange de supériorité contrôlée et de reproches latents. Il donne l'exemple, il faut le suivre. Absolument.

Cet orgueil disproportionné mâtiné de soumission à l'ordre établi est le plus souvent trahi par le visage, le physique des personnes, même dans les figures les plus lisses, les plus « gentilles ». Tel Premier ministre femme d'un pays étranger avait, dans un visage maternel, un regard à demi fou, où se lisait son autoritarisme. L'excessivité des sentiments se reflète (sans aucune typologie systématique) dans les traits : maintien rigide, quasi corseté ; regard méchant qui dément la cordialité du sourire ; lèvres serrées, pincées, qui contredisent le bon vouloir apparent. La soumission, quand elle existe, relève plus d'un volontarisme totalitaire que d'une servilité naturelle. Elle se maintient à la frontière de l'ordre social, des valeurs dominantes bien que les pulsions sexuelles interdites forcent leur passage à coups de boutoir, comme une marée qui rompt les digues.

Le paranoïaque est un malade en action qui ne vit pas complètement sa folie. Le conflit intérieur est toujours couplé avec un conflit extérieur. Lorsqu'en apparence l'action s'apaise, ce n'est pas un épisode qui se résorbe, c'est une trêve. Le paranoïaque, qui ne guérit pas, désarme (Tanzi), il met l'arme au pied provisoirement. Le calme apparent masque les conflits qui s'expriment sur le visage, se marquent dans la lippe, donnent cette crispation qui indique que le sujet ne se contrôle que sous l'effet d'une répression autant interne qu'externe. Cycle infernal que le sujet connaît depuis l'enfance : la répression des pulsions écorche vif le sujet, l'entraîne au délire.

Le paranoïaque écoute l'autre d'une manière différente, distord la phrase, préfigure le sens, y découvre ce qu'il cherchait, à savoir qu'on l'accuse, lui, des fautes que l'accusateur a commises.

Quelque part pourtant se glisse un imperceptible murmure qui pose la question : « Si tout était faux? Si l'autre avait raison de ne pas comprendre? » Murmure refoulé, qui laisse des traces, comme des coups de poignard dans le psychisme du sujet, engendre une extraordinaire souffrance mêlée de désarroi devant le doute même infinitésimal. Le paranoïaque est un anxieux tourmenté. En tourmentant l'autre, il se rassure, il administre la preuve qu'il n'avait pas à douter, il soude le rideau de fer de la forteresse où il est seul contre tous.

Il lui arrive de trouver des alliés. Le cas extrême est celui du délire à deux lorsque par exemple des conjoints participent de la même conviction folle, renforçant naturellement leurs croyances, se relayant dans l'interprétation persécutée et la vérification paranoïaque multipliant par deux la transe délirante.

Plus ordinairement, par compassion, désarroi ou lâcheté, il se trouve des personnes qui, par leur approbation ou leur silence complice, consolident l'intime conviction du sujet. Ces conduites deviennent extrêmement graves dès lors qu'il s'agit des puissants de ce monde, autocrates et autres dictateurs. Certes, la peur (de mourir par exemple) peut justifier semblable attitude ; pourtant il s'y mêle souvent le goût du pouvoir, celui de l'intrigue ou bien encore une sorte d'accomplissement de sa propre paranoïa par personne interposée, de passage à l'acte par procuration.

On le voit bien, la paranoïa n'est pas une structure achevée, une constitution psychopathique quasi innée, plongeant ses racines dans les traumatismes de l'enfance. Elle est aussi le produit d'une succession d'équilibres psychiques instables qui, selon les événements, personnels ou sociaux, se renforcent, se consolident dans quelque chose qui construit : le fou paranoïaque.

Peut-on dire que n'importe lequel d'entre nous peut devenir délirant, persécuté, mégalomane, infirmant en cela les théories psychogéniques de la paranoïa, qui cherchent les causes dans les processus ? Oui, la sensitivité des écorchés vifs bascule dans le délire par des étapes que beaucoup d'hommes pourraient franchir si les conditions externes et internes étaient réunies. Rencontre précoce avec la mort, l'angoisse de mort, la persécution réelle, l'humiliation par les autres, le sentiment dévalorisé de son propre corps. Atmosphère affective dans laquelle l'enfant, puis l'adolescent, vit ses rencontres avec l'autre, le terrible regard de l'autre que connaissent bien les Noirs, les Nord-Africains qui voyagent dans le métro, regard au mieux curieux, parfois indifférent comme si l'on n'existait pas, vous traversant sans vous voir, au pire hostile, méprisant, à peine dissimulé. Faillite du support identificatoire : un père, victime impuissante, résignée ou consentante, d'humiliations benoîtes, les acceptant comme si elles allaient de soi ; ou bien au contraire, idole élevée sur un piédestal, grand savant, génial général, mais, dans l'intimité, paillasson dépressif, tatillon, mesquin, ne s'intéressant pas à ses propres enfants ou seulement en fonction de ses propres intérêts, de ses propres projets, sans altruisme, complètement dominé par un ego mégalomaniaque.

Voilà quelques-unes des conditions d'une confrontation entre le rêve et la réalité, qui créent ce je ne sais quoi, cette fragilité particulière du sujet différent des autres dans son excessive douceur comme dans son excessive rigidité. Petit à petit il se convainc de ses propres interprétations qu'il n'ose, puis ne peut, partager avec les autres, « illumination spécifique », aboutissement d'un chemin plus ou moins tortueux.

Le délire s'installe par éclipses, prend possession d'une partie plus ou moins grande du psychisme comme un parasite qui ronge un corps. On ne naît pas paranoïaque, on le devient à coups de doutes successifs, de cauchemars plus ou moins prémonitoires, d'identifications travesties. Cette maturation est longue, rythmée par des périodes dépressives ou, à l'inverse, des moments de suprématie mégalo qui ressembleraient à un état maniaque du pauvre. L'amour d'une telle, la jalousie d'une autre, la faveur d'une troisième, vous sont nécessairement destinés, ou vous excluent systématiquement au contraire. La pauvreté des rapports sexuels va de pair avec des exaltations érotiques, voire érotomaniaques. Le sujet ne comprend pas les propositions qu'on lui fait et répond à celles qu'on ne lui a pas adressées ; il est alors tout naturellement rejeté ; le désaveu entraîne la souffrance, la souffrance engendre la persécution.

Les psychiatres nient qu'il y ait une dissociation dans la personnalité du paranoïaque : ils opposent la rigidité bien structurée du paranoïaque aux deux mondes du schizophrène. Au contraire la fréquentation de ces personnages, plus que l'expérience clinique, montre des alternances de rigidité et d'éclatement, de personnalité intacte et de fragmentation. Tragique lucidité du parano qui s'interroge, vous interroge sur sa propre folie. Le plus terrible dans la paranoïa (comme dans toutes les folies) est la part de vérité : l'« autre vérité » qui nous révèle, caché au bord du gouffre, ce monstre qui est en vous, la distance immensément grande, immensément petite qui vous sépare de la folie. Qui a été jaloux peut comprendre cela, entretenant le feu : la propre haine de soi-même, une disgrâce corporelle réelle ou supposée, l'éjaculation précoce, l'incapacité à jouir, à faire jouir. Tout cela, caché, dissimulé, que l'on pense l'autre capable de découvrir, d'investir, de ne pas vous aimer, de vous utiliser.

La porte, entre la folie et la non-folie, est étroite. Le passage se produit dans un déclic, une exagération si soudaine et énorme qu'elle vous rend étranger à vous-même et aux autres. Cependant, combien sommes-nous, protégés par le conformisme social ou l'image idéale du moi, plus forts que les misères et les injustices que l'on subit, qui, soudain, après avoir longtemps résisté, parfois même au cours d'une accalmie, ayant tout pour être « heureux », en tous les cas plus calmes, moins menacés, voyons l'édifice se fissurer, assistons à la possibilité d'un effondrement qui laisserait au délire un passage béant sans contrôle, une place rendue libre par je ne sais quel abandon d'un psychisme habitué jusque-là aux compromis que tout adulte négocie sa vie durant pour supporter les frustrations incontournables?

Les intouchables de l'Inde sont des exclus réels. Pourtant, certains d'entre eux réussissent socialement. Bien sûr, les intouchables ne sont pas tous paranoïaques. En revanche, dans leurs rapports avec les hommes des autres castes, ceux qui ont réussi surestiment vraisemblablement l'hostilité de leurs collègues ou de leurs relations. La collecte psychique des informations qu'ils reçoivent est d'une tonalité plus persécutoire que s'ils étaient restés paysans asservis dans leur village. Dans le travail lié à l'imaginaire, c'est le vecteur symbolique qui, chez le paranoïaque, l'emporte sur le vecteur réel. Contrairement aux légendes cliniques, il y a une grande parenté entre le vécu mélancolique et le vécu paranoïaque. Le mélancolique est proche d'un parano dont les défenses sociales se seraient effondrées, pour laisser la place à soi, se persécutant tout seul, dans un jeu délaissant l'apport extérieur pour se broyer soi-même comme le ferait la Machine de Kafka, absurde et implacablement dans un cheminement qui conduit au broyage final où le bourreau devient sa propre victime. Chaque paranoïaque vit sa propre colonie pénitentiaire, qu'il s'agisse d'une parano de routine ou d'une grande paranoïa délirante organisée en système. Chacun y apporte sa vision du monde, dépressive, mélancolique, sans confiance à autrui et en même temps orgueilleuse, triomphante et mégalomaniaque.

Cela est tout à fait paradoxal : être à la fois mégalomane, sûr de son bon droit absolu, certain de détenir seul la vérité, et dans le même temps douter de tout, de soi-même d'abord, de son intelligence, de sa beauté, finalement de sa capacité à plaire, à séduire. Le paradoxe, pourtant, n'est qu'apparent : c'est l'aspect non figé, non constitutionnel, de la parano, objet-sujet de sa propre dévoration en un combat incessant où se font et se défont des alliances psychiques plus souvent en déséquilibres instables qu'en équilibres constants. D'où ces éclaircies dans la conviction rigide, quand l'autre affectivement plus que rationnellement perce la cuirasse apparemment hermétique.

Hitler n'aurait pas été le Führer sans la décomposition économique de l'Allemagne, mais surtout la décomposition morale et psychique des Allemands humiliés dans leur virilité, niés, annulés par d'autres qu'ils pouvaient pourtant voir comme moins virils.

C'est la démesure du temps psychologique vécu qui prépare la personne à la maladie, à son délire. Trop c'est trop. Pourtant on ne sait pas à l'avance, aussi subtile soit l'analyse, quelle est la goutte qui a fait déborder le vase.

# LA GOUTTE QUI FAIT DÉBORDER LE VASE

Qui n'a pas vécu des rêves terrifiants, heureusement arrêtés par un réveil hagard, encore apeuré, déjà à demi rassuré ? Qui n'a pas ressenti une angoisse viscérale vidant le corps, envahissant l'esprit, sans raison évidente ? Ce pressentiment de la catastrophe imminente, exploité par bien des religions messianiques lorsqu'elles promettent l'enfer ou le paradis, est en général limité à des instants « pointus », même s'ils laissent des réminiscences ou un malaise diffus. Il ne s'installe pas à demeure, hôte parasitaire permanent d'un psychisme tourmenté. Pourtant, pour le sujet, le rêve peut être relié à une prémonition, la prémonition à une vérification, celle-ci à une conviction, selon un cheminement incompréhensible aux autres qui est le cheminement du délire ou du désir délirant.

Un événement peut être banal en soi ; vécu avec démesure, il se transforme en autre chose que ce qu'il est. C'est la démesure qui donne le sens, non l'événement lui-même. Sur le coup l'événement peut être contrôlé et enfoui. Après un temps d'incubation, un petit déclic, un presque rien, peut réveiller à une virulence extraordinaire, qui va se développer en système d'autopunition, lequel, à son tour, peut amener à un passage à l'acte démesuré, incongru, apparemment immotivé.

Le regard des autres joue toujours un rôle important. Lorsque j'étais étudiant, un jeune ami noir me jurait que dans le métro les gens posaient sur lui un regard hostile, humiliant. Je ne voyais pour ma part qu'indifférence, ou, à l'extrême rigueur, curiosité. Mes arguments ne convainquaient pas mon compagnon. Je ne voyais pas l'arrière-regard comme on parle d'arrière-pensée ; je ne voyais pas que remontait en lui, confusément, le passé esclavagiste, le fait que le moindre de ces prolétaires mal réveillés, pauvres, hagards, aurait pu être son maître, l'était psychologiquement encore dans le pays d'où il venait. Au-delà, dans un arrière-fond plus obscur encore, l'un de ces conglomérats psychiques est complexe, il y avait aussi le fait que les vrais premiers mots doux que sa mère lui disait, dans la seule phase heureusement naïve qu'il avait vécue peut-être, étaient dans la langue de son peuple, alors que lui, écolier, puis étudiant, était tenu de s'exprimer dans la langue des maîtres, condition absolue pour qu'il puisse « s'élever ». Bien d'autres choses pourraient être dites sur les cheminements qui mènent à ce vécu persécutif. Ce qui fait toujours question, c'est la raison du passage de ce que les Américains appellent le « containment » à la perte du contrôle, au délire, dans l'imaginaire au délire en actes dans le réel. Dans le cas de cet étudiant africain, une des hypothèses qui vient à l'esprit est le désespoir. Désespoir de constater que le fait de réussir l'ascension sociale n'enlèvera pas la tache indélébile de la couleur, alors même que les êtres de la « classe supérieure » sont si visiblement nuls, misérables, aigris, bornés. Ils sont tout cela (du moins en apparence) mais, eux, ils n'ont jamais été esclaves ; ils ne portent pas sur leur peau ou leur visage la peur et la rage.

Le désespoir lié à la peur sont les grands ingrédients de la paranoïa. Il faut être très malheureux avant d'être fou. Bien sûr tous les gens malheureux ne deviennent pas fous. Mais en conclure, comme l'orthodoxie psychopathologique, qu'il y a une différence originelle de structure, une différence innée, est faux. Tout dépend du seuil d'intensité de malheur que chacun supporte avant que la goutte ne fasse déborder le vase. Certes, le malheur est répété, il existe indubitablement des phénomènes de sommation. Certes, plus tôt ces phénomènes de sommation auront commencé dans l'enfance, plus tôt se constituera une « vulnérabilité » réceptive. Rien n'est cependant acquis au nom d'une organisation structurelle liée à telle ou telle défaillance dans les stades d'identification. La réalité est bien plus mobile que cela, non figée, avec des mouvements de va-et-vient liés autant aux événements qu'aux structures psychiques. La psychanalyse nous éclaire lorsqu'elle observe la construction de mécanismes autopunitifs dès la naissance ; elle ne nous explique pas à quel instant précis, ni pourquoi ou comment la goutte fait déborder le vase. D'ailleurs, si on suivait à la lettre ce déterminisme rigoureux qui ressemble fort aux règles « scientifiques » de la thermodynamique, automatiquement, à un instant donné, un nombre incalculable de personnes entreraient dans le délire paranoïaque, inéluctablement, sans échappatoire. Il n'en est pas ainsi, même si, répétons-le, les défaillances d'ordre identificatoire ou le trop-plein de mécanismes identificatoires fragilisent, préparent, initient le sujet à ses réponses spécifiques. Tous les degrés imaginables existent entre l'hypersensibilité, la réponse parano puis la coexistence de deux vécus, le paranoïaque et le non paranoïaque, enfin l'envahissement complet du champ de la conscience par la relation délirante aux autres. Lier ces degrés automatiquement à des stades de régression allant jusqu'au stade primitif du narcissisme est faire preuve d'une singulière cécité par rapport au social, à l'immédiat, à l'intensité des affects, aux sensations, à la paranoïa des autres aussi qui favorise l'émergence de persécutés-persécuteurs, tels ces petits chefs que l'on voit trop souvent dans les entreprises.

De même, la pulsion homosexuelle, qui, selon Lacan et d'après Freud, serait la cause du refoulement traumatique, ne peut se concevoir comme un processus archaïque, réincarné dans le temps présent. Il en faut bien davantage, une relation fusionnelle actuelle avec une mère castrante, un père adulé bien que trop faible qui porte à la fois son incapacité à faire jouir sa femme et une homosexualité non assumée... Là encore, si tous ceux qui possèdent le même schéma familial, le même processus de développement, le même mode de fixation à un stade archaïque, devaient délirer, les hôpitaux psychiatriques de la terre entière ne suffiraient pas à contenir le nombre de paranoïaques délirant en actions et en paroles.

Le processus de réactualisation (ajouté au processus de sommation) entre en compte dans ce passage du quantitatif au qualitatif, le sujet se retrouvant à la fois autre et pareil. S'il n'échappe pas au réel, c'est dans la mesure où il entre en collision avec un réel répété, où de son passé il n'est pas fait table rase, puisque au contraire il est repris sur un mode suffisamment stable pour qu'il y ait sommation, suffisamment différent pour que naisse ici et maintenant le sentiment de la victimisation.

Par analogie, on pourrait évoquer ce parcours de tant de couples, qui passent de l'amour à la haine, de la communion intime, infra-verbale à l'absence de communication cloîtrée, la relation de proximité se transmuant en un regard sur l'autre devenu insensiblement puis absolument rédhibitoire.

La beauté devient laideur, c'est pourtant bien le même réel ; tout bascule cependant ; le retour en arrière est impossible, le raisonnement, l'appel aux souvenirs communs inopérants. Auparavant il y a eu mille avertissements, de nombreuses réassurances, mais là, soudainement, tout bascule. Rien ne sera jamais plus comme avant.

Alors s'introduisent le doute, puis l'accusation : tel geste a été calculé, telle attitude était retorse. La dépendance de l'un par rapport à l'autre a été volontairement instaurée comme l'a été le rapport de domination de l'autre sur l'un. Le temps qu'on avait cru heureux devient rétrospectivement une imposture, une illusion, qui ne tenait que par un fil à une cécité suggérée. Cet attachement de l'autre qu'on pensait naïve, spontanée, amoureuse, était un esclavage souhaité, organisé, programmé. L'amour, la passion sont des états de paranoïa heureuse qui peuvent cesser de l'être, en un instant, brutalement, pour devenir la paranoïa du malheur, comme un voile qui se déchire, découvrant le sordide des choses.

Paranoïa heureuse. Le terme est-il choquant, le trait grossi? La vie amoureuse est faite de partis pris arbitraires : tel ami est fréquenté car il vous cajole, tel autre est éloigné parce qu'il semble avoir des doutes sur votre partenaire ou sur la durée possible de votre aventure.

Discrète démesure : le monde peut s'écrouler, des êtres chers tomber malades ; seule compte la relation exclusive que vous avez avec l'élu. Il n'y a pas de système plus clos que la relation d'amour. Votre perception de l'être aimé si exagérée, si démesurée, ne correspond pas à l'image que les autres se font de lui. Votre regard sur lui vous paraît logique, évident, naturel, beau, grand, généreux, alors qu'aux yeux d'autrui il est biaisé par l'amour, aveugle aux défauts ou fautes, aux imperfections, aux petitesses, aux mesquineries de votre partenaire. Quiconque menace cette construction, vécue comme une vérité aussi éclatante que l'éclat du soleil, est considéré comme l'ennemi. Comme toute paranoïa, l'amour est vécu comme une situation vitale, une toxicomanie affective ; la fin de l'amour ressemble à l'un de ces traumatismes affectifs immenses qui marquent la vie de tout malade paranoïaque. Si le processus est le même, si la construction affective est du même ordre, le temps vécu différencie le paranoïaque de l'amoureux ; la « crise » paranoïaque de l'amoureux dure ce que durent les amours. Son vécu temporel est immensément heureux, ensuite immensément malheureux. En termes d'intensité il y a des équivalences. Par contre, la durée de ce parasitage est radicalement différente, comme si la goutte qui fait déborder le vase s'évaporait peu à peu, ou se retirait comme une lisse de basse mer, laissant coexister l'éphémère du délire avec la durée d'un rapport normal au réel.

Quand, dans les amours ou le quotidien, une « crise », un « vécu » paranoïaque ou bien une hypersensibilité à vif mutent en un état paranoïaque, un délire organisé, structuré ? La réponse n'est pas aisée, contrairement à de nombreuses démonstrations ; elle n'est pas scientifique, ni incluse dans la structure du sujet. A structure égale, à traumatismes équivalents l'un décompensera tandis que l'autre s'orientera vers les compromis sociaux acceptables. Le passage tient du « hasard et de la nécessité ». Les histoires de vie des paranoïaques comportent des traumatismes, des blessures, des échecs injustifiés mais pas plus que celles d'autres êtres qui ne décompensent pas. Même le sentiment répété d'échec social, sexuel, ou autre ne suffit pas. Non, le moteur de la décompensation réside dans la peur, une peur folle, qui rompt les digues, peur qui est une abdication devant la dureté de la vie, retour à l'enfance non protégée, à l'abandon des premières heures, jours, semaines, années de vie où l'on est tout petit, nu, misérable, dépassé, innocent, où l'on ne comprend pas l'immensité du mal amour, du non-amour, de la solitude. Enfant encore, écrasé par la tâche immense d'être à la hauteur de ce qu'attend maman, soumis au poids d'anxiété de maman, qui nous fait sentir que vous êtes entre la vie et la mort. A l'occasion de cette relation très forte, fusionnelle dans le danger et par le danger, la peur commence d'être emmagasinée forme un dépôt, s'augmentant de strates successives à chaque situation périlleuse qui renvoie en miroir, plus ou moins déformé ou brisé, aux situations antérieures, à la situation première lors de ce passage du ventre protecteur à l'air libre suffocant.

La peur provient aussi de la rencontre d'autres paranoïaques, d'autres folies. Là encore, l'effet de miroir joue lorsque vous retrouvez, en caricature déformée, ce que vous sentez déferler, malgré les barrages, le surmoi, le social. On sait que la peur de devenir fou est l'un des moteurs du choix de la profession de psychiatre, comme celle de la mort vous fait devenir médecin ou infirmier. Or la contagion existe, non par transmission de microbes, mais par l'effet de révélation de l'indicible qui est en vous. Malgré sa rigidité, le paranoïaque, sentant le défaut de la cuirasse, vise juste, fait mal, ou bien se comporte comme vous sentez que, faute de résistance suffisante, vous pourriez vous comporter. Si de plus le malade rencontré est dans une phase d'excitation proche de la maladie maniaque délirante, alors c'est comme s'il possédait le bistouri pour ouvrir vos abcès de fixation.

Sur celui qui, pour de multiples raisons, de multiples traumatismes répétitifs, est fragile, l'arme fait mouche, brisant en mille morceaux les remparts de la raison et les capacités d'adaptation pour faire basculer de l'autre côté du miroir. C'est ce que vous pouvez redouter le plus au monde.

Ce n'est pas la loi du tout ou rien. Le sujet peut se ressaisir, se contenir un certain temps ; le vase reste à la limite du débordement. En voyant un film d'horreur éprouvant, le parano peut faire la part entre la fiction et le réel comme il peut faire la part entre son état antérieur, son état présent, la situation de crise dans laquelle il est. Il suffit parfois d'un traumatisme ridicule, bien moins intense que d'autres antérieurs pour que le vase déborde. Ainsi, l'accumulation quantitative arrive au changement qualitatif : l'exquise douleur cesse d'être exquise, et comme désirée, pour être une douleur contre laquelle il faut absolument se défendre.

De telles situations devraient normalement amener au suicide. Pourtant, le paranoïaque a une pulsion de vie tellement plus forte que la pulsion de mort que la peur de la peur lui permet dans un sursaut d'énergie d'organiser le système où d'agressé il devient agresseur, d'humilié il se retrouve tyran. Cela arrive justement quand, immédiatement avant, la peur s'est diffusée dans les pores physiques, et psychiques, de la racine des cheveux à la plus infime des cellules de la plante des pieds, au point de n'être plus maîtrisable, sinon d'une contre-attaque, au sens militaire du terme. Les dernières énergies de l'instinct de survie se mobilisent, forment barrage, partent à l'assaut en un ultime effort contre la dissociation qui guette, qui ferait, aux yeux du parano, de lui-même un véritable fou. C'est l'aboutissement d'un conflit aigu, d'une succession d'équilibres plus ou moins instables, de cette guerre psychique dont nous avons parlé, qui prend ses racines au plus profond des premières expériences liées aux « anomalies de la situation familiale » bien plus complexes que ne le sont les grands traumatismes évidents où s'intriquent l'amour-haine, la fusion, l'inceste, la honte du corps, son déni par la mère. Mille choses qui font du moi un moi éclaté, brisé, toujours incomplet.

Il n'y a pas d'autres réponses à ce moi physique-psychique en magma qu'un raisonnement. Face à l'irraisonné, la logique ; une autre logique certes, structurée en ordre de bataille. Le magma contre l'ennemi, identifié, après plusieurs coups d'essai, durant, parfois, plusieurs années.

La peur est telle qu'elle rend sourd ; des arguments rassurants ne peuvent plus être entendus, des faits patents ne sont pas analysés. La déformation, la désinformation fondent le magma, celui-ci à son tour enfle, annule tout, envahit corps et âme, instinct, culture pour ne pas risquer de ne former qu'un avec le sujet. Lorsque cela réussit jusqu'au bout, la psychose s'établit dans sa totalité comme une armée en terrain conquis. Il peut y avoir des poches de résistance : si elles sont importantes (comme dans les bouffées délirantes), le magma régresse, se tasse ; si elles sont faibles, fragmentaires, le parasitisme délirant envahit le monde psychique, entraîne le passage à l'acte. La paranoïa semble appartenir au groupe des compromis mobiles psychiques dans lesquels le magma de la peur se trouve contenu, non exterminé, dans une caricature grinçante, douloureuse, de la réalité. La goutte d'eau qui fait déborder n'est plus alors unique, elle est répétitive, infiniment petite parfois, immense et totalitaire à d'autres moments. Si la peur pouvait être verbalisée, elle serait contenue, combattue. Mais elle est inavouable, bien qu'elle envoie des messages codés à l'extérieur, difficiles à déchiffrer, interprétés de travers. La censure s'exerce, d'autant plus angoissante qu'elle est solitaire, séparation de plus en plus marquée avec les autres. Sentiment d'être incompris, puis sentiment d'être seul à avoir raison, de savoir la menace véritable, le crime presque parfait. La télévision vous parle à vous seul, le journal, fût-ce dans sa page sportive, commente dans le sens que vous guettiez tel ou tel fait. Vous vérifiez dans le moindre acte que la peur est fondée. La raison chavire devant les preuves patentes – fabriquées par le parano lui-même – qu'il a vu juste. Alors le délire présente pour le sujet un bénéfice. Lorsque le délire fait moins peur que le non-délire, la personne a intérêt à délirer, même si ce bénéfice « se réalise aux dépens de l'adaptation sociale » du sujet.

Ce n'est pas la loi du tout ou rien. Le délire ne s'installe pas d'un coup, du jour au lendemain. Il en est comme des fissures qui apparaissent sur un mur fraîchement repeint. Elles s'installent là où la cloison « travaille », où l'enduit préparatoire a le moins réussi. Autre image, celle du lait qui commence à bouillir : frémissements du centre, puis à la périphérie. Autres images encore : le délire va prendre comme une mayonnaise, et comme elle, il prend plus ou moins. Il y a une part d'impondérable à personnalité égale, à traumatismes équivalents. Alors ? Délire-t-on par hasard ? Non, il y a une nécessité délirante, un désir du délire, quand le non-dit de l'angoisse (de mort, de dislocation, de culpabilité) ne peut pas s'évacuer.

Aucune goutte ne fait déborder le vase si elle ne s'inscrit dans un système qui se clôt lui-même, faute d'une autre issue. Toutefois les issues sont multiples, il faut le répéter, qui permettent à bien des hommes de flirter avec le délire sans y pénétrer vraiment. Cela pose le problème des alliances inconscientes entre des symptômes, la personnalité, le social, le psychisme. Ces alliances peuvent être contre, ou avec le délire : il peut y avoir bénéfice à délirer, comme il peut y avoir l'inverse ; dépendance à un délire comme il existe une dépendance de la toxicomanie, pour éviter le pire, comme pour avoir du plaisir. Jouir de et par son délire peut paraître paradoxal ; pourtant, il y a extrême jouissance pour celui qui crève de peur à faire encore plus peur à l'autre. La dépendance, ici, n'est pas celle d'un produit, elle reste dans le domaine des idées voire d'un idéal pervers ou perverti.

La menace est l'abandon précoce, la solitude, le non-amour parfois surmajoré dans le souvenir ou dans la désignation du ou des responsables. Telle par exemple une maladie grave, un placement chez une nourrice, une accumulation de maladresses chez les scouts alors que ce sont les parents qui vous ont envoyé. Le plus souvent non majorés car il s'agit plus d'atmosphère intime, affective, que de faits précis, tel ce gamin de trois ou quatre ans laissé sur le rebord d'une fenêtre par des plus grands, qui aura vécu là une tragédie personnelle sans rapport avec le réel. Celui-là ne ménagera pas sa méfiance à l'égard de la convivialité, se verra, à tort ou à raison, transformé bouc émissaire par la maîtresse de l'école (malgré ses mérites éclatants), puis l'adjudant à l'armée, enfin à son travail où il estime n'être pas à la place qui lui revient. Il suffira alors d'un bousculement dans sa vie, entouré d'angoisse, pour reconnaître une continuité maligne, entrer dans un autre monde.

Il succombe à une dette imaginaire, originelle, répétitive car elle revient, sournoise ou brutale, dans le conscient ; il est difficile au sujet d'y faire face, en raison même de ce caractère répétitif, il n'a pu s'ancrer valablement dans ce que les psychanalystes appellent le symbolique, référent permanent du processus d'identification réussi. La dette symbolique qu'il aurait dû contracter envers son père, sa famille, fait partie de la « normalité » moyenne ; quand elle ne peut pas être contractée avec le « réseau des liens symboliques qui assurent conjointement son assise narcissique et sa place singulière dans un ensemble intersubjectif » (R. Kaes), il ne reste plus qu'à créer une dette imaginaire beaucoup plus profonde, plus douloureuse, plus immédiate en termes de temps vécu. En ce sens, comme le toxicomane, le paranoïaque vit avec un « Je » culturalisé au moins autant qu'avec un Moi structurel.

Contrairement à beaucoup d'idées reçues, tout ne se joue pas une fois pour toutes dans l'histoire du sujet. La paranoïa s'enclenche dans une combinaison ambiguë de souvenirs, d'émotions, de faits réels, de traumatismes réactivés par l'instauration lente, progressive, subtile, d'une atmosphère, d'une intimité affective d'autant plus douloureuse qu'elle est censurée, non dite. L'atmosphère transforme en indices la moindre des choses, qui devient menace car créancière de cette dette imaginaire que s'est constituée, comme un pécule, le sujet. Nourri de ces informations, le « Je » culturalisé récupère en rebond les indices qui vont devenir éléments de cette culture de la persécution.

Incapable de payer la dette, le « Je » culturalisé devra désigner un bouc émissaire principal et des boucs émissaires secondaires dans un système dont les éléments se liguent contre lui pour le rendre insolvable, donc coupable. Le désir de délirer vient prendre la place de cette culpabilité insupportable ; il fait du sujet un autre, dupliquant la personne et la personnalité du sujet parano.

D'un côté on aura une succession de perceptions « normales » sans troubles du jugement, de l'autre un envahissement douloureusement jubilatoire du désir de délirer, puis du délire lui-même ; la goutte qui fait déborder le vase peut autant s'évaporer que subsister. C'est là qu'intervient l'« extérieur », la somme des messages reçus par le sujet, leur contexte affectif qui les transforme tantôt en indices, tantôt en faits réels.

Si la dette est d'origine familiale, ce n'est pas tant l'objectivité des traumatismes qui importe, que la résistance, la force affective de celui qui reçoit. Il est plus victime de l'atmosphère, de l'émotionnel, que du type de messages qui lui sont véhiculés. Il existe des familles ayant apparemment le même potentiel de nuisance. Pourtant elles ne provoquent pas les mêmes dégâts que d'autres. A chacun sa vérité. La différence entre les réactions à une même succession d'événements (psychiques, sociaux, de communication) montre que l'analyse causale, l'analyse des déterminismes ne suffit pas à expliquer le passage d'une subjectivité paranoïaque à un délire paranoïaque. La plupart des adolescents écrivent des poèmes, et tous pourtant ne seront pas Rimbaud ; beaucoup auront des pulsions ou des périodes mystiques sans devenir saint François, ou pensionnaires d'asile. Il y a une imprécision logique dans le passage au délire car il relève d'une alchimie aléatoire faite de temps vécu, d'espace subi, d'affection blessée, de sentiment de déjà vu...

Existe-t-il des chiens paranoïaques ? Si oui, des notions de structure ou d'inconscient ? Il en est de même pour l'homme que l'on a trop voulu réduire à un ensemble de causalités ou de systèmes. L'origine de la décompensation est triviale, mesquine, insignifiante en soi, aussi archaïque que moderne, inassimilable aujourd'hui à une définition rectiligne, qu'elle soit psychanalytique ou neurobiologique. Nous avons vu que le premier ingrédient de cette alchimie est la peur (pour un enfant une fois mordu, tous les chiens restent un danger en puissance, même à l'âge adulte). A la peur il faut ajouter l'humiliation réelle ou ressentie, répétitive surtout, nouée au sentiment vrai ou faux d'échec, d'ailleurs tout relatif : telle personne pleine de charme se vivra laide, s'interdisant la possibilité de séduire, tel comédien plein de talent s'abîmera dans l'alcool, tel marchand coulera ses stocks parfois avec une fuite en avant magistrale. La peur, l'humiliation, et enfin, un regard particulier, le jeu de miroirs déformants qui renvoie à quelqu'un déjà sur le qui-vive une image dévalorisée ou les signes d'un complot.

Alors si l'ancrage social est fragile ou s'il reproduit dans chaque structure ou institution un système d'alliances inconscientes dont le sujet sera la victime, ou, au contraire, le héros surévalué, exactement comme dans sa famille, le prochain accroc déchirera sa sécurité mentale.

Cela n'arrive pas seulement aux pauvres, aux démunis, aux laissés-pour-compte de la société ; un homme ou une femme peuvent être beaux, pleins de succès, et porter pourtant en eux une ou des blessures cachées : le succès incomparablement plus grand du père, plus voyant des frères ou sœurs, l'indifférence familiale, voire la condescendance, ignorante des talents de cet homme ou de cette femme ; au contraire, la reconnaissance des mérites accompagnés d'un dénigrement des qualités morales, le sujet passant, auprès de ses frères et sœurs, pour méchant, incapable de générosité ou de sensibilité élémentaire.

A la base du délire paranoïaque il y a toujours la solitude du coureur de fond ; l'incompréhension est mutuelle, réciproque. Dans la question de la dette l'un paye l'autre en monnaie de singe. Les uns ont des réserves à la banque, les autres n'en ont pas. La goutte qui fait déborder le vase arrive quand les réserves affectives, d'écoute, de réciprocité, sont décidément à sec.

# SOCIÉTÉS FOLLES

Il est difficile, et même dangereux, d'extrapoler à une société tout entière une analyse de psychopathologie individuelle. Pourtant, à l'évidence, hier comme aujourd'hui, des sociétés folles apparaissent, et créent le chaos. Dans le meilleur des cas, elles disparaissent ; dans d'autres, elles perdurent dans une double complicité implicite ou explicite des peuples avec leurs dirigeants.

Il existe ainsi des sociétés maniaques comme des sociétés dépressives. La France révolutionnaire, et du début du premier Empire napoléonien, a été une société maniaque expansionniste, au nom d'un idéal triomphant. Elle n'a pas été une société paranoïaque dans la mesure où elle n'avait pas d'idéologie de la différence, de l'infériorité et de la supériorité. L'Allemagne hitlérienne a été une société paranoïaque postulant un ennemi, le Juif qui dominait le monde, d'une manière occulte, et maligne. Certaines données de l'intégrisme islamique sont proches du système persécuté-persécuteur dans lequel s'inscrit le « sentiment d'humiliation » de millions de personnes bien en peine de dire pourquoi, où et comment.

Dans toute société existent des bouffées délirantes collectives, ou des poussées aiguës de paranoïa, en fonction des circonstances, avec une part de vérité et une part de folie (qu'est-ce qui est exact ou fantasmé dans le refus israélien de dialogue avec les Arabes ?). La plupart du temps, ces sociétés sont saines, relativement équilibrées, sécrétant des sources d'autothérapie plus ou moins institutionnalisée (religion, démocratie, thérapies médicamenteuses, idéologie du bonheur ou de la paix).

Pourquoi ces différences ? Quelle peut être la genèse d'une société folle? La réponse ne peut se réduire à la personnalité du chef : Staline, Saddam Hussein. Si même la focalisation se faisait sur le personnage, comment expliquer que de Gaulle ne soit pas paranoïaque, ou l'ait été d'une manière fertile, alors que tant d'autres sèment déserts, ruines, lavages de cerveaux, servilité honteuse ou encore libération impunie des pires instincts sadiques?

Il se fabrique aussi bien au niveau de l'identité individuelle que collective des processus qui mènent à la fusion, à l'indifférenciation identificatoire se dépassant elle-même dans des mouvements passionnels.

Moins les individus ont des possibilités de se différencier les uns par rapport aux autres, cependant qu'ils gardent (c'est fondamental) un sentiment d'appartenance, moins ils seront capables de réagir à l'installation d'une folie collective, surtout si celle-ci justifie en termes rationnels et surtout émotionnels un grand destin collectif. Moins l'idéal du moi pourra être satisfait sur le plan individuel, plus il se déléguera dans un idéal du moi collectif, magma structuré sur le mode institutionnel pour la satisfaction de pulsions torves, souterraines, étroitement contrôlées en même temps puisqu'elles ne sont acceptables que si elles sont mises au service de la cause. Les SS pouvaient être sadiques, tuer, torturer mais dans le cadre d'actions de police, d'actes de guerre ou dans les camps de concentration ; revenus chez eux, bons pères de famille, ils jouaient du piano et caressaient leur chien comme dans la folie individuelle, le délire collectif a besoin pour se développer de se glisser dans un certain ordre. Il ne se donne libre cours que dans l'excès circonscrit.

Pour remplacer la douleur exquise du délire personnel, la société paranoïaque a l'impérieux besoin de construire des mécanismes autopunitifs ; une partie du « génie » des dictateurs est d'avoir compris cela et de l'avoir utilisé avec un sadisme cynique qui fait reculer les limites de l'incroyable. Celui qui s'exclut des phénomènes de foule hystériques, qui sont un des éléments clés du système, entre, plus ou moins, dans le système d'autopunition qui lui est proposé et auquel inconsciemment il s'est déjà préparé. La terreur banalisée des sociétés folles est l'équivalent des rêves terrifiants individuels : ce sont de mauvais cauchemars pouvant être effacés dès le réveil. Entre fiction et réalité, le sujet d'une société folle est toujours à la fois magnifié et néantisé. Il n'y a pas de société paranoïaque sans un leader charismatique : adorez-le, répondez à ses moindres exigences, avec la possibilité d'avoir, par délégation, jusqu'au droit de vie ou de mort ; qu'un soupçon d'incertitude se manifeste, alors la machine se met en marche pour broyer, humilier, isoler le sinistre individu.

Le personnage charismatique croit-il en son rôle ou au contraire l'exploite-t-il avec cynisme sans adhésion personnelle ? Certes, il traverse des moments dépressifs (qu'il transforme en éléments du culte de la personnalité) comme si des lueurs de lucidité, des éclairs de sens critique, se manifestaient de temps à autre. Mais ces instants dépressifs qui humanisent un dictateur sont entourés de périodes d'exaltation qui pourraient passer pour maniaques si les thèmes répétés n'étaient pas toujours les mêmes, à la façon des persécutés-persécuteurs.

Le chef charismatique est convaincant parce qu'il est convaincu. Il existe un long cheminement entre la persécution (cf. l'explication de la misère de Hitler à ses débuts), le succès, puis la conviction d'une mission. A la différence du délire individuel, contrecarré par les autres, l'originalité de la « mission » est qu'elle se trouve renforcée par les phénomènes de cour, où se mélangent la flatterie et la peur. Cette adhésion protège le chef un certain temps du dérapage ouvertement délirant. Il y a passerelle permanente entre sa folie et la folie institutionnalisée. Ce passage a le vécu, l'histoire d'une véritable toxicomanie. Pour ne pas décompenser, pour ne pas être en manque, le chef exige davantage de soumission, davantage d'adoration, car il lui faut combler l'angoisse de la dette primaire, la peur panique de se retrouver à nouveau seul, pauvre, laid, peureux. Le culte de la personnalité illustre cette escalade sans fin, dont le désir d'immortalité est l'objectif vain.

La médaille a son revers. S'il est puissant, il a de plus en plus d'ennemis réels ou imaginaires. L'image idéale du moi ne peut pas se positionner en permanence d'une manière positive. Alors s'installe peu à peu la croyance en un réseau d'ennemis ; ceux qui ne sont pas avec lui sont contre lui, ils lui veulent du mal, ils cherchent à l'éliminer. Il y a certes du cynisme pervers dans l'exécution des proches ou des meilleurs amis, figure assez classique des folies, dictatoriales, mais il y a en plus la peur panique, permanente, à froid comme à chaud, de redevenir mortel par assassinat. Le complot fait partie de l'univers du dictateur, il le pousse à aller toujours plus loin, à frapper toujours plus près. La haine alimente la peur qui nourrit la haine, et il n'est d'autre risque que la fuite en avant.

Le leader organise des rituels d'exorcisme de la chute et de la mort, démonstrations d'apothéose et démonstrations de brutalité. L'hétéropunition vient là pour masquer les tensions autopunitives. Plus celles-ci seront fortes, plus il y a danger social de l'usage de la brutalité. Ceux qui sont pris dans la nasse d'un tel système sont quasiment obligés d'opter pour une vision manichéenne du monde : ils adorent dans une relation érotisée, passionnelle ou ils rejettent totalement. Il faut soit un grand travail d'individuation, soit un narcissisme très fort pour refuser la passion, surtout si elle est érotisée. Ou bien il faut n'avoir pas d'autre choix en appartenant à la race maudite ou au groupe bouc émissaire. Ainsi se forment les mécanismes de l'exclusion indispensables à la vie même d'une société ou d'une institution malades, folles, paranoïaques. Suivant la pensée d'Henri Atlan, il faut qu'il y ait un minimum de désordre pour que l'ordre puisse régner. Quoi qu'il en soit, l'érotisation des rapports, la délégation sexuelle à un chef qui vous fait jouir, alors même que votre propre jouissance est pauvre, insuffisante, que souvent vous craignez le ridicule ou le jugement sévère d'un partenaire, est un des ingrédients fondamentaux du rapport passionnel de foule qui fait marcher les mécanismes sociétaires, parfois jusqu'à l'absurde, quand l'atmosphère kafkaïenne de la *Machine Infernale* devient réalité. L'extrême est d'autant plus nécessaire que la pulsion sexuelle refrénée est celle-là même qui est la plus interdite : désir homosexuel, si manifeste dans la symbolique des rassemblements nazis de Nuremberg, pulsion pédérastique, elle aussi très présente dans la symbolique nazie des beaux enfants blonds et sains, fantasmes du viol désiré puis consenti.

Quant à l'ambition d'être immortel, le culte de la personnalité est un équivalent bien médiocre du temps où les empereurs romains se faisaient Dieu. Comme Chronos dévore ses propres fils, le chef charismatique engloutit ses propres sujets ou son propre peuple. On peut s'interroger sur le sens de la pulsion mortifère qui pousse tant de dictateurs à verser le sang de « ses » enfants : c'est la fonction dévolue autrefois aux sacrifices humains, une construction quasi architecturale de la pulsion de mort. Plus encore, une tentative perverse de faire en sorte que la mort des autres remplace la sienne propre. Disposer du droit de vie ou de mort reste la seule façon d'être l'équivalent de Dieu, sinon à son propre regard, du moins à celui d'autrui.

La mort des siens procède à la fois d'un délire de persécution et de la construction d'une utopie : Hitler ne promettait-il pas un Reich de mille ans à son peuple (sous-entendu : il vivrait lui-même ces dix siècles). Le chef se constitue comme Dieu substitutif à la masse des vivants, dévoilant l'indispensable dépendance à un homme, à une institution, à une idée. Il dévoile les potentialités perverses que révèle toute relation de masse médiatisée par l'intersubjectivité.

Ces sociétés s'édifient sur trois illusions : le chef charismatique, la fascination du peuple pour la peur, enfin le sentiment d'hostilité de l'entourage. Elles ne peuvent être calmes ; elles ont constamment besoin d'animer la passion ou de l'entretenir. Le moyen le plus commode est de désigner un ennemi héréditaire, d'autant plus facilement que celui-ci pourra être stigmatisé par des différences évidentes comme la race ou la couleur de la peau, ou encore des fonctions dégradantes dévolues à un groupe pendant des siècles : c'est le cas aussi bien des Juifs que des Arabes ou encore les Intouchables de l'Inde.

Il faut la rencontre d'un leader décidé à transgresser totalement, à utiliser les fins fonds secrets de sa libido, de ses frustrations ou complexes, et d'un peuple qui, sans que l'on ait besoin de le lui dire, le sent, possède avec le chef de bonnes « vibrations », pour que la paranoïa collective prenne alors les relations à l'autre, se transforme sous les auspices de la jalousie, de l'envie comme moteur de conquête ; les privations ou la guerre sont vécues comme indispensables face aux subversions de l'ennemi héréditaire ; la société se laisse totalement entraîner dans cette folie à plusieurs, qui fait vivre des peuples entiers dans un rêve éveillé, souvent cruel (peut-on oublier les flagellants de Téhéran, l'envoi d'enfants en première ligne), jusqu'au heurt avec le principe de réalité, avec la loi, fût-elle celle du plus fort, avec la défaite si elle est assez complète pour ne pas laisser s'installer une autre forme de déni.

En attendant la défaite, qui viendra comme une phase dépressive après une phase d'excitation, la société malade s'entretient. Elle vit comme les malades individuels, des périodes de lucidité alternant avec des moments de paroxysme délirant, un pragmatisme réel qui coexiste avec un « idéalisme » halluciné. Les compromis s'ébauchent pour les citoyens les moins touchés, qui vivront la cohabitation avec les citoyens les plus fanatisés comme on vit avec un malade grave, bien obligés de le supporter, tout en aménageant des espaces de vie respirables.

Le délire est entretenu par la propagande incessante et par une série de rites initiatiques et de sas de progression dans l'échelle sociale. Que ce soit l'autodafé ou le tribunal d'Inquisition, le rite a un côté obscur, malsain, qui dévoile plus ou moins la part sexuelle à l'arrière-plan des mécanismes mis en marche : que l'on se souvienne des corps flagellés, écartelés, des tortures pour obtenir l'aveu de sodomie ou autre relation coupable. Cette érotisation des passages à l'acte permet au chef et à ses fidèles les plus proches de ne pas désarmer ni ne laisser se désarmer l'état passionnel des foules.

Sans cesse ces sociétés, comme les sujets qui les composent, sont mises en condition de réaction à des situations vécues comme vitales. La dénonciation permanente d'ennemis tout-puissants dont la présence est ouverte ou souterraine entraîne un sentiment de méfiance tout aussi permanent. L'idéologie à l'œuvre est la conviction intime, viscérale que ces ennemis, leur toute-puissance, sont seuls responsables de l'impuissance à atteindre l'utopie, but énoncé du système dont l'accès justifie tant de souffrances endurées.

Le raisonnement est cependant secondaire par rapport à l'affectif. Il vient étayer une atmosphère, un sentiment, qui ne sont pas des choses simples à transcrire, tant il est difficile d'exprimer leur étrangeté, cette coexistence du normal, du banal, du médiocre, avec l'appartenance à la race élue ou persécutée, la conviction de l'indicible, l'indémontrable que l'on partage avec les frères sans qu'il soit possible de les communiquer à autrui. L'orgueil mégalomaniaque cohabite avec la sensation vite gommée, vite enfouie de la faute. La victoire appelle l'orgueil, autorise le sadisme, la perversité ; la défaite projette la paranoïa en tant que réalité délirante, le chef charismatique comme responsable de tout, bouc émissaire désigné comme indispensable. Chronos s'inverse : les enfants mangent le père, aboutissement logique de la société folle, comme dans la *Machine Infernale* de Kafka, quand l'inventeur de la machine à torturer s'y introduit in fine pour démontrer son efficacité. Il n'y a pas d'autre logique possible dans le système délirant paranoïaque, qu'il soit individuel ou collectif, le passage à l'acte mène à la défaite.

Avant cet aboutissement, l'observateur est frappé par la durée de telles sociétés et le degré d'adhésion de ses membres. C'est que, si la réalité est pervertie (surtout dans le domaine de l'affect, dans celui de l'atmosphère, dans l'intensité des sensations comme des sentiments), elle conserve un ordre suffisant pour planter les repères d'une vie sociétale du quotidien sans trop de drames ou d'exigences héroïques. Cet ordre (comme l'écrit J. Lacan après Kraepelin) se manifeste dans la pensée, l'action, la volonté – l'économie du pathologique étant calquée sur la structure normale.

Dans l'ordre de la pensée, la cohérence est évidente si on ne met pas en cause les prémisses : si les Juifs ou les Arabes sont les pourrisseurs de la société, il est logique, indispensable de prendre des mesures pour les contenir, les chasser, puis, comme ils repoussent, à l'égal de la chienlit, de les détruire. D'évidence en évidence, le raisonnement s'enchaîne, implacable : il faudra punir les enfants comme les adultes, car il n'y a pas d'innocence des enfants pour les races maudites. Dès le berceau, il y a communauté de destin, mal biogénétique irréductible, sans aucune possibilité de rééducation.

Dès lors s'organise l'action. Là encore, tout est possible

puisque c'est l'ennemi qui est terrible, implacable. Il faut se défendre, la gravité de la menace justifie la transgression du code moral ordinaire, cependant que la diabolisation de l'ennemi, en le soustrayant à l'espèce humaine, justifie à son égard des traitements inhumains. Alors se constituent puis sont institutionnalisées milices, armées de SS, polices secrètes. Cela n'est pas suffisant pour satisfaire la volupté douloureuse du maître et de ses disciples. Il faut organiser la délation, infiltrer les pores de la société, faire en sorte que chacun au tréfonds de son âme se sente à la fois le bourreau abject qui dénonce ou torture et la victime putative dont le tour approche. La menace immanente est partout avec les remugles des désirs les plus canailles, les plus ignobles.

Il reste la volonté qui met en forme, confère la légitimité aux lois les plus dégradantes, développe la transgression, frappe comme elle veut, où elle veut, avec suffisamment de ruse ou de science pour singer le normal d'une société banale, pour compenser le côté tortueux, sanguinaire, retors par les fêtes (si possible de masses), les récompenses, où la dimension esthétique, la mise en scène théâtrale ont une extrême importance.

Comme avec des drogues, ces systèmes ne perdurent qu'autant que fonctionne ce véritable rêve éveillé. A la limite de l'autosuggestion, plutôt plus proche du délire, l'adhésion est quasi onirique ; elle transforme les obstacles réels, objectifs, en épreuves à subir pour pouvoir conquérir le graal. Le système est coordonné; pourtant il ne perdure que grâce à l'atmosphère, à l'affectif qui peuvent paraître bien étranges à tout observateur venu de l'extérieur. Le symbolisme brut est partout. Il valorise le surhomme dans son combat permanent contre mille ennemis intérieurs ou extérieurs. Il permet d'exalter le non-dit : le port d'un uniforme, le défilé fusionnel avec les camarades annulent, minimisent les éjaculations précoces, les érections incomplètes, la frigidité du conjoint. Tout peut, doit se régler par l'effort collectif. Au processus d'individuation s'oppose le concept de masse, de race, de classe, de peuple, d'ethnie. La volonté est tendue vers ce but : une société totalement fusionnelle qui met au même plan le grand, le petit, le riche, le pauvre. Du moins en apparence car il faut que le principe de réalité continue à fonctionner, ne serait-ce que par la nécessité impérieuse pour le chef de posséder des relais fiables lui permettant de faire fonctionner le tout, le seul onirisme n'y suffisant pas. C'est ce qui explique par exemple la création de nomenklaturas suffisamment folles pour adhérer plus ou moins aux systèmes, suffisamment lucides pour exiger en compensation de toutes les compromissions une véritable promotion sociale, impensable par ailleurs.

Ce fonctionnement n'est pas réservé aux systèmes d'État. Toute institution porte en soi la possibilité de devenir folle : tel service hospitalier fonctionne autour des désirs, supposés ou réels, du patron ; les communautés thérapeutiques sont souvent soumises au bon vouloir d'un leader charismatique ; dans les hôpitaux ou dans d'autres institutions, la tâche primaire est déviée, minimisée pour le seul profit de l'appareil bureaucratique, nouvelle fin en soi, inversant puis ignorant les finalités fonctionnelles créatrices de l'institution. Il y a des glissements progressifs et discrets de bien des sociétés dites normales ; elles s'installent dans des rites, des phobies, dans la dissimulation de la vérité, dans l'organisation du non-dit ; celui-ci filtre les opinions, les faits qui pourraient indisposer le leader ; elles lui font donc prendre des décisions erronées qu'il faut justifier a posteriori. C'est ainsi que beaucoup d'institutions s'enferment sur elles-mêmes. Elles fondent peu à peu leur idéologie sur le sentiment d'être les meilleurs ainsi que sur le sentiment d'hostilité de l'extérieur. Comme dans toute folie paranoïaque, il existe dans le réel, dans l'extérieur, des éléments objectifs qui alimentent la construction délirante : les policiers sont en règle générale peu aimés par la population, certains font le pas pour devenir de véritables persécutés haïs par les membres de la société civile ; quelques-uns, plus rares, se sentent véritablement menacés, suffisamment pour se livrer à de véritables passages à l'acte ou à s'organiser en réseaux d'autodéfense ou bien font de la répression systématique devant toute ébauche d'intonation, de non-respect ou de réflexe d'injustice.

Quel que soit le degré de la folie, il semble que l'évolution se précipite dès lors que le sentiment d'hostilité de l'entourage augmente de façon telle que les situations apparaissent aux sujets comme aux groupes vitales, mettant en cause la cohésion du groupe, sa vérité intime, les alliances, conscientes ou inconscientes, qui se nouent, parfois sans le dire ni l'expliciter, entre membres du même groupe, de la même institution ou bien de la même société. Il n'y a pas de paranoïa sans ce sentiment profondément vrai, sincère, de la mise en cause vitale des situations qui se présentent. Sans dramatisation, il n'existe pas de véritable folie. La vie est un drame permanent sans aucune arrière-pensée ludique, sans aucun sens de l'humour, d'autant plus que la situation n'est pas qu'actuelle, elle se lit, s'interprète à travers les maillons d'une longue chaîne reliant aujourd'hui à hier, incorporés dans l'histoire du groupe, de l'institution, de la société. Le dolorisme juif peut paraître insupportable ou incompréhensible si on n'intègre pas les camps de concentration, le port de l'étoile jaune, l'Inquisition, le port de l'étoile jaune, l'expulsion d'Espagne ou de France. L'imprésario arrogant de Los Angeles masque le petit Juif honteux de l'accent de ses parents, ayant peur d'un recommencement toujours possible. Cela n'excuse pas mais cela permet d'expliciter (ce qui est en tous les cas indispensable dans un but thérapeutique) le cheminement subjectif où l'individuel rejoint le collectif à partir de bases réelles, déformées par l'histoire comme par le non-dit, et dont l'aboutissement sont ces passages à l'acte qui apparaissent plus ou moins comme gratuits.

La paranoïa, individuelle ou collective, est réactionnelle, voire réactionnaire, car c'est au nom d'un passé douloureux ou heureux que se construisent les institutions, les sociétés, leur idéologie, puis leur utopie. Ce passé n'est pas le réel, il est transmis à travers une subjectivité suffisante pour que, contrairement à l'opinion de Jean-Paul Sartre, elle frappe l'enfant dès sa naissance – plus ou moins. Selon la réceptivité des structures familiales, la sensibilité transmise aux générations nouvelles, l'expérience vécue des meurtrissures se formeront ou non les conditions propices à l'éclosion d'un groupe, d'une institution, d'une société paranoïaques.

Si toutes les sociétés peuvent être victimes de telles déviations, à l'occasion d'échecs répétés, de non-reconnaissance par l'autre, de sous-valorisations, certaines sont en quelque sorte prédisposées. Il y a des nations écorchées vives comme il y a des individus écorchés vifs. Pour elles, le sentiment d'hostilité de l'entourage est d'autant plus puissant que les autres groupes ne partagent pas le même héritage, s'irritent, se contiennent difficilement devant des conduites outrancières, sans rapport semble-t-il avec des situations réelles. Telle nation peut sembler arrogante, dominatrice, sûre d'elle-même alors qu'au fond, elle se sent minuscule, désarmée, au bord de la panique. Ne pas comprendre les mécanismes de la peur, celle qui transforme le doux mouton en loup sanglant, c'est s'exposer à des prises de pouvoir, des cruautés qui laissent incrédules tant on ne les attendait pas du côté où elles viennent. La peur vient de l'autre, elle est personnelle comme elle est transgénérationnelle (tous les enfants, même aujourd'hui, ont peur du grand méchant loup !), elle signe la solitude comme elle signe la communauté de destin. Elle est argumentée comme elle est infra-verbale, instinctive. Il y a des degrés de peur : des spirales ascendantes ou des spirales descendantes. C'est lorsque le groupe, l'institution, la société vivent des spirales ascendantes où se combinent peur, mélancolie, exclusion, que tout peut basculer dans une rationalisation morbide, entraînant une exaltation passionnelle, comme si un voile se déchirait. La vérité délirante chasse les ténèbres, efface la peur, donne un but mobilisateur à la vie. Ce but toutefois conserve sa part d'ombre, plus ou moins mortifère, sa dose de peur non contrôlée ou bien son manque de peur. Car l'humeur d'un individu comme d'une société paranoïaque fonctionne comme une toxicomanie : les temps d'excitation, d'exaltation, correspondant aux effets pleins du produit, celui qui rend le héros tout-puissant ou la société triomphante, alors que les temps de persécution, d'humiliation discriminants semblent très proches d'un état de manque, temps où, on le sait, le toxicomane se retrouve le plus nu, le plus misérable des hommes.

La peur naît également de la répression interne ou externe. A l'intérieur du sujet solitaire, il s'agit de la répression des pulsions. Non pas tant la pulsion de vie que celle de mort, méritée comme le prix d'une dette à payer, ou bien des pulsions sexuelles vécues comme sales, interdites, soumises à autopunition. La paranoïa est alors la maladie d'une répression banale en soi qui devient ici excessive, terrorisante, installée dans le cadre ambigu d'une autopunition permanente.

De l'imaginaire individuel préparant le terrain à l'imaginaire collectif, le vécu répressif franchit le pas, aidé en cela par les normes plus ou moins arbitraires de la vie sociétale, surtout si la répression ne peut pas être sublimée par le jeu, comme cela se fait d'une manière exemplaire dans la violence des matches de rugby, le spectacle sanglant de la tauromachie ou la cruauté sadomasochiste d'un combat de boxe. Ce qui se met en place, c'est l'obligation manichéenne, noir ou blanc (le gris n'est pas de mise); le sensuel est au service de l'appareil d'État, à condition qu'il n'entre pas en compétition avec le sensuel collectif : l'érotisation de masse.

On ne saurait omettre l'esthétique : de l'uniforme habilement gradué des milices, des soldats, des troupes d'élite à la définition d'une beauté « aryenne », il existe une véritable mise en scène de l'espace esthétique. Suivant la personnalité du chef charismatique, suivant également son degré de paranoïa, cette mise en scène s'appuie sur les fondements de néo-sciences, équivalents de la rationalisation morbide des délires individuels. Telle a été la mise en place par certains « savants » de morphogrammes idéals pour tel type de société ; d'autres morphogrammes servant à illustrer le caractère de race inférieure des peuples mis en esclavage. Il est frappant de constater la permanence plus ou moins non dite de thèmes récurrents semblables aux confins des sciences les plus modernistes : que ce soient les folles supputations sur les clonages, la sélection des espèces, les manipulations génétiques. Le docteur Folamour se dissimule chez bien des personnages titrés, contenus en temps ordinaire, devenant extrêmement dangereux quand ils obtiennent ou prennent une parcelle de pouvoir.

Mise en scène, esthétisme, ritualisations, manichéisme sont des formes différentes de la nécessité impérieuse de tabler sur l'émotion ou l'affectif, bien plus que sur le raisonné, qui semble par ailleurs omniprésent. La toute-puissance apparente du raisonnement ne tiendrait pas devant l'épreuve de la réalité s'il n'y avait pas cet irrationnel visant à toucher l'instinct, avec une intensité très forte, à frapper à la porte entrouverte de la foi, pour qu'il y ait toujours du passionnel (même policé en apparence) là où, dans une société normale, ce passionnel serait tenu en laisse, suspect, non civilisé.

C'est cette absence de relation de continuité entre l'irrationnel et la raison qui permet la folie raisonnante, l'organisation paralogique d'un désir de pouvoir allant jusqu'au meurtre collectif ou aux véritables sacrifices humains. On ne peut pas « comprendre » un état paranoïaque ; sa causalité peut être nette, objective, ses buts explicites, son ambition intelligible ; il reste l'atmosphère de passion, la libération d'instincts habituellement exclus, le vice devenant vertu, qui ne se « comprennent » pas et expliquent pourtant beaucoup.

La transgression est aussi importante que la peur ou la culpabilité. Il y a du pervers en action dans tout paranoïaque qui, convaincu de sa vérité, trouve une jouissance/plaisir à faire mal. Si le sentiment d'injustice, donc d'autodéfense, est à la base de tout passage à l'acte, si la peur est motrice première, si enfin se niche au fin fond du non-dit la conviction d'une dette à payer par une autopunition mutilatrice ou censurante, une fois le passage à l'acte mis en branle, loin d'un besoin compulsif toujours douloureux, il y a un plaisir savouré, sadique, totalitaire à faire mal ou à faire peur. Quand cela marche, la société paranoïaque jouit de la souffrance des autres. Elle jouit directement, elle jouit par procuration. Il est totalement inexact que les Allemands ignoraient les camps de concentration ou que les Russes ignoraient les abus du NKVD. La société paranoïaque est une société sexuelle : il y a des dominants comme il y a des dominés. La possession, tant psychologique que physique, appartient à son rituel ou plus profondément à sa constitution. Tout chef charismatique a des comptes, extra-normaux, à régler avec son physique ou sa sexualité. Chacun de ses délégués s'autorise de l'expérience supérieure pour que, dans le non-dit, s'exercent des choses ailleurs inavouables. L'« Ange Blond » qui en Argentine torture jusqu'à la mort des bonnes sœurs ne peut pas être simplement qualifié de sadique. Il règle des comptes avec les femmes, ou plus particulièrement avec sa mère, au nom d'une homosexualité visiblement non assumée. D'ailleurs toute armée, toute police fonctionnent sur le mode d'une homosexualité déplacée sinon sublimée, en tous les cas suffisamment archaïque pour qu'elle soit en temps ordinaire contenue, alors qu'elle se donne libre cours par exemple dans des situations carcérales. Lorsqu'elle ne peut ni s'assumer, ni se sublimer, alors, dans les temps extraordinaires, ce sont le sadisme, la perversité, la torture qui deviennent rois. Klaus Barbie était certes un nazi convaincu, mais la doctrine hitlérienne, si elle les autorisait, ne justifiait pas les jeux érotiques auxquels il soumettait ses détenus par chien interposé.

Il y a donc rigidité, conviction absolue, d'une part, et

d'autre part pulsions inassouvies, sadisme cachant un masochisme profond, lui-même lié à la peur panique issue d'une faute imaginaire dont le prix est toujours à payer. La société paranoïaque, comme la paranoïa individuelle, fait fond sur l'archaïque au niveau d'un magma non dit où se mêlent culpabilité, nécessité de l'autopunition, pulsions sexuelles profondes qui, faute de pouvoir se contenir ou se refouler, deviennent hétéro-agressives, tournées vers le mal, vers l'émotionnel, le passionnel, la désidentification des individus comme des groupes ou des institutions pour que le fusionnel devienne loi. Ainsi, aucune brèche n'est rendue possible dans laquelle un homme sujet, non objet, dira que le roi est nu.

# PARANOÏA ET DÉPRESSION

Apparemment personne n'est moins déprimé qu'un paranoïaque : sûr de son bon droit, enfermé dans sa rigidité comme dans une armure, il peut être anxieux, persécuté, obnubilé par la défense de sa cause, mobilisé pour un passage à l'acte ; mais la dépression, elle, semble antinomique de cet état d'esprit, de cette mobilisation générale de la pensée et du corps autour de l'idée dominante ou plutôt dominatrice. Le paranoïaque ne semble pas avoir d'états d'âme ; son humeur ne paraît pas sujette à variation.

Si la peur est toujours au rendez-vous, si l'angoisse, bien que masquée, est profonde, viscérale, de l'extérieur le roc de la pensée, de l'action, du climat du parano est tout simplement monolithique. Pourtant, la dépression accompagne l'homme parano sa vie durant, elle l'entoure, l'étouffe, souligne l'inutilité de ses efforts, humeur d'autant plus secrète, intime, refoulée qu'elle pourrait introduire le doute, là où il a le plus besoin de certitude, là où le délire est l'ultime rempart contre la dissociation, le fait de rester encore, vaille que vaille, sujet.

Le paranoïaque ne se regarde pas dans le miroir, a peur de son image, de sa laideur, de sa médiocrité, de ce qui le renvoie à l'impossibilité d'être ce qu'il croit. Cette conduite plus ou moins consciente d'évitement, qu'il ne peut pas ne pas ressentir, le confine dans une atmosphère dépressive qui l'entoure comme une bête fauve empêchée par un feu de dévorer quelque humain pétrifié de terreur.

Déjà, enfant, les premiers traumatismes, les premières épreuves marquent la vie du sujet d'une incontournable différence répétitive, l'humeur s'assombrit, tout semble noir, sans solution. Il ne s'agit pas de la résignation fataliste, mais de l'obligation inéluctable de subir, aggravée par l'impossibilité de l'aveu. L'enfant exprime mal ou autrement que par des mots ce qu'il ressent, ce qu'il vit. Il faudrait être sémiologiste plutôt que parent pour déceler, à travers la solitude ou l'abandon du jeu, les phobies, les obsessions ou une invincible timidité, la détresse souvent profonde d'un enfant qui se vit sans amour, coupable d'une faute inconnue qu'il ne sait pas comment payer. Bien sûr, il vaudrait mieux comprendre, avant qu'il ne soit tard, les signaux atypiques, malhabiles, qu'envoient les enfants, mis trop souvent sur le compte de jalousies, de peurs sottes, irraisonnées, d'orgueil déjà. Mais cela est d'autant plus difficile que l'enfant ne fait pas une « vraie » dépression comme l'adulte (encore que le suicide d'enfants ne soit pas si rare que cela). Il réagit sur le moment avec ses propres armes : le jeu, la répétition de crises peu convaincantes ou encore la séduction érigée en système immunitaire. Le plus souvent, il s'en tirera à l'âge adulte par l'un des nombreux compromis névrotiques qui permettent de vivre ; le futur parano, lui, emmagasine, collectionne, sélectionne une série de faits, de suspicions ou de réelles blessures dont la malignité intentionnelle lui semble évidente.

Tout peut s'arrêter là ; pour certains cependant l'adolescence ravive ce sentiment complexe d'injustice, de punition, à la fois méritée et non méritée, qui va s'investir autant dans le corps que dans le psychisme.

Encore une fois, rien de ceci n'entraîne une paranoïa délirante ; il en faut bien plus. Mais c'est comme une espèce de terreau qui prépare la jachère à l'ensemencement. Nous avons trop tendance à privilégier la causalité linéaire par rapport aux causalités indirectes, celles qui créent des atmosphères, des ambiances où les choses sont suggérées plutôt que dites, l'angoisse de l'attente d'une catastrophe plus poignante que la catastrophe elle-même. La vie est comme la lecture d'un horoscope dont on ne retiendrait, comme inéluctables, que les mauvaises prévisions, les bonnes étant considérées comme quantité négligeable. L'arrangement séquentiel de telles atmosphère dépend beaucoup de la sommation ou de la répétitivité des événements hostiles. Incapable d'exprimer ce qu'il ressent, incapable de communiquer, le sujet se débat dans une nasse thymique où ce qui s'est passé hier est attendu en plus fort, pour demain.

Des années plus tard, en échos lointains à ces blessures originelles, plus ou moins refoulées, plus ou moins masquées, se développe un sentiment complexe d'injustice et de culpabilité. Le mélange, déformé par les strates des constructions psychiques postérieures de la personnalité, s'exprime sous forme de véritables bouffées d'angoisse, de désespoir incertain pouvant survenir dans des ciels apparemment sereins, quand tout semble aller bien. Ces bouffées paralysantes sont d'autant plus éprouvantes qu'elles ne sont pas réactionnelles à un événement ou à un malheur, facilement identifiable, avec des causes précises, donc réductibles ou traitables. Elles parasitent le psychisme. La personne atteinte a beau chercher à s'en défaire par la raison, le soin, la fuite, il n'en demeure pas moins qu'à partir de quelque chose d'initial, qui s'est joué très tôt dans l'enfance, qui n'a pas pu se résoudre ou s'ensabler dans une pathologie névrotique banale, un parasitisme s'est installé qui ne guérit pas, même s'il désarme, comme le dit Tanzi, par intermittence, foyer toujours entretenu d'une angoisse dépressive, sans solution, interminable, où la nuit devient le lieu clos privilégié de la misère de l'homme. Ainsi se mettent en place à la fois un vécu et une relation au temps vécu qui enferme l'individu, peu à peu, dans un carcan définitif, le séparant mieux qu'un cloître de la communauté des êtres libres. Oui, il s'agit bien d'une perte progressive de liberté, toute pensée étant parasitée par ce vécu, cette angoisse, cette atmosphère surtout de menace, de soupçon, de danger et de punition. Tout porte quasi mécaniquement vers l'interprétation douloureuse des actes et des intentions de l'autre, signes à vous destinés et qui sont autant de sanctions ou de négation de vos idées ou de vos positions.

Tout petit déjà, le parano est un homme douloureux ; puis il deviendra un écorché vif avant de basculer dans le délire. Le parano est d'abord un petit enfant souffrant. Tout lui est triste, le monde est déjà malintentionné. Même son jeu est mélancolique, qui ne l'intègre pas au jeu des autres enfants. Souvent on prend ce repli sur soi pour une extrême timidité, alors qu'il est la certitude que, même s'il y a du soleil aujourd'hui, demain il y aura des nuages et la pluie. La répétition inéluctable de tout et de rien, du désaveu maternel ou de l'ignorance à votre égard du maître d'école, de la jalousie vis-à-vis d'un proche, ou de celle du proche vis-à-vis de vous... donne cet abattement qui va constituer, peu à peu le fond de l'humeur, la nature du vécu de l'homme paranoïaque.

Lui sait que la catastrophe va arriver ; comme le héros de la tragédie grecque il pressent, même s'il ne peut pas le formuler, que, quoi qu'il fasse, il sera impliqué, victime consentante, dans un drame familial ou social inscrit à l'avance dans sa destinée. Œdipe est la figure caricaturale en même temps que grandiose de l'homme parano, allant au-devant de son destin, dans une atmosphère où le tragique le dispute toujours à la tristesse : il sait qu'il ne pourra pas choisir, ni être maître de son chemin, en dépit des avertissements si nombreux. La tragédie grecque n'attend pas Freud pour relier deuil, culpabilité, sexe ou inceste. Ce qui est vrai des héros grandioses l'est tout autant des hommes quelconques : l'intensité de la tristesse dépressive ne se mesure pas à l'aune de la situation sociale.

L'homme de la rue connaît les mêmes abîmes que le héros de la scène, des abîmes plus profonds peut-être parce qu'ils sont plus sordides.

Dénier la réalité est difficile. On peut idéaliser, se rêver en secret un héros, romancer entre rêve et réalité ; mais à partir du sordide des situations se conjuguent l'humeur dépressive et l'interprétation d'abord simple puis délirante. Le sordide des situations peut être réel ; il peut l'être moins ; il sera toutefois toujours vécu comme tel. C'est dans ce climat, où se combinent médiocrité, rejet, difficultés familiales et sociales, que se prépare cet autre climat qui, par mutation qualitative, deviendra la « vraie » parano. Mille ruisseaux de blessures viennent grossir la rivière, qui laisse l'enfant pantois, incapable de se situer, de former un « je » solide. La dépression est une incubation. Elle rend impossible l'évasion du non-dit, de la censure familiale, de ses haines comme de ses pulsions, et la communication, le fait de parler pour atténuer le caractère disproportionné des interprétations du climat vécu et des incidents qui le constituent.

L'homme parano est d'abord un pauvre type. Il l'est du point de vue affectif, les frustrations étant vécues comme démesurées ; il l'est dans sa relation avec autrui, toujours malmené. Dès la plus tendre enfance, il pose comme postulat qu'il n'est pas reconnu à sa juste valeur, qu'on le juge a priori, lui qui a les meilleures intentions du monde, sujet sans haine et sans reproche. Ce décalage entre l'animosité extérieure et la sainteté intérieure est la cause même de sa faiblesse, de son incapacité à répondre aux humiliations précoces ; il ronge son frein, jusqu'à ce que l'occasion permette à la pulsion de se transformer en passage à l'acte. Jalousie, rigidité, dépression, sont à ces stades précoces intriquées. Il se peut, comme dans une gare de triage, que pour les uns ce soit la rigidité qui l'emporte, pour d'autres la jalousie. Il se peut également que la parano ne soit que lambeaux épars dans un fond dépressif, magma de tristesse, d'angoisse plus ou moins rageuse, accompagné d'un pessimisme définitif, incurable. Parfois, cet aspect est dissimulé par le caractère joueur, bon enfant, convivial du sujet. Il est celui qui prête ses jouets, qui anime les groupes, toujours premier, boute-en-train, aimant pour pouvoir être aimé. Ce ne sont qu'apparences qui s'effondrent un jour, lorsque les masques tombent ; l'enfant riant devient l'enfant en pleurs. Un observateur averti pourrait lire l'angoisse, l'abandon, la solitude sous-jacents à la comédie du spectacle que donnait l'enfant à l'unique fin d'être accepté par le groupe. Surtout de ne pas devenir le bouc émissaire de celui-ci : c'est l'immense effort que fait l'enfant pour contrôler sa panique, sa peur de la solitude, sa timidité, jeu permanent qui est le début de cette rigidification méfiante, laquelle va peu à peu le parasiter.

Le poète est le plus doux des hommes. Qui songerait à le qualifier de paranoïaque ? Pourtant, son hypersensibilité fait de lui une plaie vivante. L'innocence, la tendresse : c'est un enfant blessé, depuis son plus ancien souvenir, toujours étonné que le regard de l'autre ne soit pas le même que le sien.

Le poète est triste. S'il chante l'amour, c'est dans l'élégie désespérée : le plus souvent son œuvre est le lamento de l'amère solitude, de l'échec d'un idéal du moi dont la barre est trop haut placée. Il s'abîme dans la douleur, menace les Dieux, se dresse en vengeur, implore les éléments. La relation d'amour lui semble constamment menacée. Le poète est seul, « seul en ce monde dont il est aussi le seul absent ».

La douceur fragilement émotive du vécu est le socle fécond des blessures vives. Mais il a le secours d'une œuvre où s'exprimer. L'homme quelconque, que le talent ou l'inspiration n'aident pas, est d'une solitude plus profonde, parce qu'elle ne sublime pas dans la création.

Le poète est manifestement dépressif. Est-il clairement parano ? Ses plaintes dissimulent la susceptibilité, la tension permanente, le qui-vive. Le poète est un parano masqué, car la transposition de ses états d'âme dans son travail le met à l'abri le plus souvent du passage à l'acte. La capacité de faire donne l'espoir là où le commun des mortels se résigne à la dépression solitaire. Encore que, au-delà de cette image d'Épinal, bien des créateurs soient acteurs de révolutions, de provocations, d'agressivité sociale impulsive, d'émotion pragmatique.

Si le pessimisme du poète est d'abord fertile, il s'épuise plus ou moins vite devant les obstacles, les ennemis réels ou imaginaires. De même que le déprimé devient un mélancolique avec cet épouvantable sentiment d'incurabilité, de même le poète bascule de l'hédonisme dans la conviction délirante, du choix d'un idéal à la résignation persécutée, puis à la persécution, à la jalousie, à la revendication quérulente. S'il ne se suicide pas en chemin comme Nerval, s'il ne fuit pas comme Rimbaud, l'œuvre s'épuise, s'efface devant le délire. Il rejoint non pas le commun des mortels mais le vrai malade dans sa singularité.

Il y a un peu du poète blessé dans chaque parano. Cette fêlure intime, plus proche de la dépression que de l'excitation du héros, est le point de départ d'une interprétation de l'existence différente de celle des autres humains.

L'atmosphère qui baigne le psychisme d'un homme est pratiquement indescriptible. A travers les mots, elle ressemble à un tableau impressionniste dont les taches sont vues de trop près ; à bonne distance pourtant, il s'agit d'un paysage magnifique qui chatoie et provoque des sensations émues, éparses, nostalgiques, parfois érotiques. L'atmosphère peut être encore comparée aux sensations que l'on éprouve dans un concert de musique classique quand l'on est au bord d'une somnolence délicieusement douloureuse. Sensation intime d'une conviction où les faits n'ont pas besoin d'être prouvés pour être vrais, là, immédiatement perceptibles, sans intermédiaires, sans relation de la cause à l'effet.

Il n'y a pas d'un côté une atmosphère dépressive existant en soi, avec de l'autre une rigidité paranoïaque, impossible à ébranler. Il y a, au contraire, partage, combat, action de l'une sur l'autre. La dépression empêche tout autant le doute que la rigidité ; comme celle-ci, elle est conviction absolue, en symbiose avec la conception paranoïaque de la vie. Dans l'une comme l'autre, le fait d'en éprouver précède le raisonnement, même si celui-ci accompagne le vécu, comme l'oxygène la vie. Pour le parano comme pour le poète, le réel est la vérité, ou plutôt la vérité – individuelle, sans partage – est le réel.

C'est dans l'effort de contrôle des émotions, de la négativité, qu'apparaissent les grumeaux de la conviction paranoïaque. La vie en société, la famille, l'école, les institutions adultes ne permettent ni ne tolèrent le pessimisme dépressif ; l'effet de contagion serait trop fort ; il faudrait mettre en place les mécanismes d'exclusion du sujet. Celui-ci ressent à son tour le caractère de défense qu'il va intérioriser, pour les vivre comme hostiles. Il devient tout autant exclu de l'intérieur (intérieur psychique) qu'exclu de l'extérieur. Il apparaît à l'observateur qu'il y a une part de vérité dans de tels processus sans qu'il puisse objectiver l'intensité de la douleur ou du vécu dans ce qui est en train de se passer. De tels processus d'exclusion interne et externe scandent le passé des paranos avec plus ou moins de force selon le degré de sensibilité du sujet, l'intensité de son sentiment de bête traquée. Nul n'est plus sensible aux atmosphères, au non-dit, que l'homme parano. Il pressent, devance une attitude ou une réticence même derrière la politesse la plus exquise. Il n'a pas toujours tort ; ses impressions, si elles sont excessives ou majorées, ne sont pas a priori délirantes. Incompris, solitaire, il a mille choses à dire mais il n'existe pas ou peu pour autrui. Alors, avec la violence des timides ou avec une fausse arrogance malhabile, il provoque d'une manière désespérée, lugubre, l'autre qui, très souvent, répondra par une réaction de rejet. A son tour, elle renverra l'homme parano à la morosité, voire au désespoir.

Le désir fou de plaire à l'autre, masqué par la timidité ou la difficulté de communiquer, conduit le sujet – qui en fait trop ou le fait mal – à déplaire et nul ne l'excuse car la maladresse n'est pas un alibi, personne n'est obligé d'entendre pour deux, ou de faire plaisir. Si les circonstances sont telles que ces échecs sont répétitifs, alors le sens même des messages est oublié. Seuls subsistent le contenu du rejet, le contentieux avec les autres, cette immense solitude désespérée avec laquelle l'homme lutte pour ne pas devenir fou.

« Soleil, toi sans qui les choses ne seraient que ce qu'elles sont », dit le poète. Il sait de quoi il parle. La vie affective et sociale de l'homme parano est une vie sans soleil. Les causes en sont multiples. Des conflits très anciens dans l'histoire forment un Himalaya entouré de brumes, l'accumulation des nuages est plus importante que le souffle qui les pousse à boucher toute vue, donc toute vie. L'existence du parano est cette montagne cernée de nuages dans lesquels on se perd sans guide autre que l'instinct de survie. Il faut comparer les efforts qu'il fait, même face à des choses futiles, à ceux d'un alpiniste surpris par une tempête, sans boussole, lorsque s'installent, là-haut où il est seul, les prémices de la nuit. Les gens de l'extérieur ne peuvent admettre – cela leur semble incroyable – que de petites choses entraînent de grands bouleversements psychologiques, affectifs, ou de comportement. Pourtant, si l'on ne saisit pas la démesure instinctivo-affective, on ne peut approcher ce qui se vit dans la tête d'une personne en train d'attraper la paranoïa. Un kilo de plume a beau valoir un kilo de plomb, ce n'est pas la même chose de recevoir l'un ou l'autre sur la tête. L'objectivité perd toute place, qui ne peut admettre que l'envie de vivre soit forte, mais forte aussi l'envie de mourir dans cette guerre civile psychique que se livre à lui-même un homme désespéré d'avoir à tant lutter pour être lui, sujet.

Les actes extrêmes se forgent dans cette atmosphère insidieuse, ces relations tendancieuses dont est enveloppé un sujet beaucoup plus naïf quant aux rapports humains qu'on ne le croit. D'abord raisonnablement optimiste quant à la fin de ces périodes de pénitence injustifiée dans lesquelles il est mis ou s'est mis, puis morose voire désespéré. De toute façon, ce qui se passe est extrêmement douloureux ; le ressentiment vis-à-vis des autres se paye d'une culpabilité sans motifs vrais mais surtout d'une autodépréciation grandissante.

On dit du paranoïaque qu'il se convainc d'avoir raison seul contre tous. Il peut se croire investi d'une destinée exceptionnelle, d'une clairvoyance à nulle autre pareille. C'est oublier l'atmosphère préalable qui a conduit à de telles ruptures, à de tels excès. Si le futur est si glorifié à travers gestes rédempteurs ou pouvoirs exclusifs, c'est en réaction contre ce passé ou ce présent faits de dégoût, des autres sûrement, de soi-même encore plus ; dégoût triste, inquiet, rempli de culpabilité pour tout ou rien. Dégoût lié à un profond sentiment d'incapacité à se faire reconnaître, parfois à se faire aimer.

L'avenir est évalué comme nul s'il se poursuit de la même façon que par le passé. Si cet avenir est nul, les coupables ne seront jamais châtiés, les êtres chers n'auront pas de protection suffisante, ils seront sans cesse victimes de complots comme le devient le sujet lui-même, par un raisonnement plus aiguillé par l'instant, la sensation, le sentiment, le ressentiment que par la logique ou la vérification objective des faits. Ce qui est difficile à discriminer dans l'apparente logique d'une plainte ou d'une victimisation, c'est justement cette part subjective née de l'autodépréciation et d'une culpabilité profonde, ne pouvant pas être évacuée par une confrontation avec le réel concret. Car le réel, pour le sujet, naît de la rencontre entre la persécution et la dépression. Il y a focalisation démesurée sur tel ou tel signe, sur tel ou tel symptôme comme sur les paroles échangées, les mimiques exprimées. La paranoïa, à ce stade où elle est encore peu ou pas trop délirante, est une dépression active, voire activiste, ce qui permet souvent d'éviter au sujet le glissement si redouté, parce que entr'aperçu à chaque instant, dans la folie.

La limite entre la dépression et la paranoïa est subtile. Elle n'est sûrement pas linéaire comme une frontière, elle n'est pas non plus statique, inamovible. Elle bouge à mesure que les deux forces se livrent une guerre, d'ailleurs sensible à la fatigue, au non-repos psychique, à l'épuisement des munitions psychologiques. Le combat est d'autant plus âpre que le désespoir initiatique est plus profond. Raison et déraison se mesurent en champ clos, ameutant des alliés ou des ennemis. Alors prennent toute leur importance les relations de famille, de voisinage ou institutionnelles. La chaleur humaine, la gentillesse, l'amour seront les bienvenus comme seraient catastrophiques l'indifférence, le non-respect, l'humiliation volontaire ou involontaire.

Les choses ne sont pas faciles avant que le délire ne devienne maître du sujet. Il n'y a pas de paranoïaque heureux, ni même sûr de soi. Il est sûr de la vérité de telle ou telle situation alors que l'ensemble de sa position lui apparaît vulnérable, mal assurée, entourée d'ennemis.

Aussi rigide soit-il, le paranoïaque est toujours un anxieux. D'ailleurs qui peut vivre sereinement s'il se sait entouré d'ennemis ? Sans cesse en éveil, il redoute de virtuelles malveillances. Plus qu'anxieux, il est fondamentalement pessimiste, redoutant l'enchaînement inéluctable des malheurs qui sont, à ses yeux, inévitables. Il ne prend d'ailleurs aucun plaisir à faire souffrir ses ennemis (les tortionnaires sont rarement des paranoïaques). Il le fait pour prévenir d'autres catastrophes, comme une obligation ou comme un devoir : Hitler, pas plus que Staline, n'assistaient à leurs crimes, même s'ils ruminaient des vengeances personnelles. Les paranos ne sont sadiques que par délégation ; le plaisir du pervers n'est pas de leur fait ou bien arrive tardivement quand par exemple celui de posséder le pouvoir s'épuise.

Ce malheureux n'est pas pour autant suicidaire car, contrairement au déprimé habituel, la guerre psychique qu'il abrite est fertile en choses à faire, actes à accomplir, vengeances à conduire. Son moteur est l'impérieuse nécessité de dénouer une ou des situations redoutables. Il le faut pour lui, pour certains de ses proches ou plus largement pour un peuple, pour une nation. D'ailleurs il n'est pas muet, même si la rumination mentale est dominante, et qu'il garde ses secrets. Il lui faut convaincre, quitte à pérorer ou à soliloquer. Qui ne connaît ces discussions passionnées au cours desquelles tel ou tel se trouve seul contre tous, renforcé dans ses convictions par l'opposition des autres. Il ne s'agit bientôt plus d'une discussion, mais d'une affaire personnelle, dans laquelle l'autre sera toujours de mauvaise foi, voudra lui faire du mal, est dans ses intentions un ennemi plus qu'un adversaire. Bien que tout cela n'ébranle pas la conviction du sujet, il est extrêmement triste de ce qui arrive là, malgré lui. Son anxiété avant comme après la bataille est paroxystique, car il voit quand même le côté répétitif de ces confrontations ; il souffre de son isolement, se condamne lui-même tout en ne laissant rien paraître aux autres. Cela ne veut pas dire qu'il en conçoive des remords, tout au contraire. Il souffre de n'avoir pas convaincu, donc de n'être pas reconnu, comme ce tueur non démasqué qui s'arrange pour laisser suffisamment d'indices permettant à la police de remonter jusqu'à lui. La dépression cousine avec l'orgueil, en un mélange explosif si les circonstances y mettent le feu. L'acte du parano (sauf s'il lui faut subitement se défendre) n'est pas impulsif ; il est le symptôme de tout ce chaos psychique d'où émergent des lignes directrices sélectives qui dans un véritable cercle vicieux, à partir de prémisses fausses, dans une connotation d'atmosphère dépressive, obligent le sujet à adhérer à une idée, une institution, une armée qui font de lui à la fois une victime et un bourreau, bourreau parce que victime – ce qui par parenthèse ne justifie rien, en particulier pas de faire souffrir autrui, de le torturer, de l'humilier.

Homme quelconque plus que tyran spectaculaire, le parano va de rejet en rejet. Plus ou moins réels ou imaginaires, pour le sujet, ces rejets fonctionnent en tous les cas comme une somme d'humiliations qui le fragilisent. Le moindre obstacle devient source d'émotions extraordinaires, l'angoisse est disproportionnée à ce qui la cause. Le contentieux grandit entre l'homme, la société, les institutions. Jusqu'où ? Telle est toujours la question face à l'impondérable. Il y a glissement du non-dangereux au dangereux, du subi au passage à l'acte : il faut cependant à ce développement un terrain devenu extrêmement sensible : la sensation de n'avoir plus aucune porte ouverte, l'absence de toute communication affective, tendre, chaleureuse. Et aussi une accumulation explosive d'humiliations, de haines, de blessures venues de l'enfance ; l'ordre, la loi n'ont pas autorisé le sujet à les extérioriser, ni même à les analyser parce qu'il a honte de ses pulsions plus ou moins refoulées, parce que leur violence l'effraie, lui qui se veut, en règle générale, respectueux des expressions réelles ou symboliques de la loi.

La violence du paranoïaque est une violence dépressive. Derrière la rigidité se dissimule un tout petit enfant qui n'a pas fait sa place au soleil, angoissé de tout, soumis comme si cela était évident à des attaques multiples, des stress d'autant plus graves qu'ils n'ont pas pu être verbalisés, ou l'ont été d'une manière inadéquate, malhabile. Aussi organisé qu'il semble l'être, le parano est en déshérence, cramponné à ses certitudes pour ne pas aller trop loin dans ce que lui pense être la folie. Sa conviction rigide témoigne d'un deuil qui ne peut ni se conclure ni se sublimer. Folcoche ou la mère de Poil de Carotte : c'est le deuil d'un amour tant désiré et qui n'a jamais existé. Figure inverse : les mères trop présentes, trop protectrices dont l'enfant a été privé à l'occasion d'événements cruciaux dans sa vie. Ce deuil permanent est à l'origine de la tristesse, de l'atmosphère dépressive, du sentiment de destin fatal que véhicule tout parano, quelle que soit l'intensité de sa sensitivité, voire de son délire. De ce deuil, impossible à conclure, le sujet n'est pas tout à fait conscient. Il ne le réalise depuis l'enfance que très progressivement en fonction des avatars de sa rencontre avec les individus, les groupes, les institutions. A la différence du mélancolique, il identifie ce qu'il croit avoir perdu sans qu'il puisse voir pourquoi il l'a perdu; d'où les suspicions, la jalousie, le sentiment de préjudice. Il ne déplace pas l'objet du deuil, il s'y cramponne. Même si objectivement sa mère est la dernière des dernières, elle sera la sainte elle-même persécutée en raison de l'existence de son enfant. Il faut au paranoïaque bâtir de telles prémisses fausses ; elles lui sauvent la vie, fixent les idées sur des ennemis identifiés, tout en souffrant atrocement de ce que celle ou ceux qu'on aime facilitent sa persécution. C'est dans cette ambiance d'amour/haine que se cultive la personnalité du paranoïaque moins rigide qu'il n'y paraît, plus agitée, plus combative.

Le parano se protège contre toute effraction de son imaginaire. Parce qu'il se sent extrêmement vulnérable, il établit la barrière d'abord de sa rigidité, ensuite de son délire. Peu sûr de lui-même, il épuise toutes les voies de la vérification, y compris celle de la séduction impérieuse, ou encore il adhère d'une façon excessive, voire obséquieuse, aux lois officielles censées le protéger de ses propres défaillances émotives et de la perte de l'estime des autres. Si le parcours dans la loi ne suffit pas ou plus, il risque l'effondrement, comme cela arrive au chômeur qui, après des décennies de bons et loyaux services dans la même firme, se voit licencié.

Alors le parano prend conscience qu'il n'existe pas d'autre issue à sa situation que la guerre, où il sera seul contre tous, toujours, abandonné et incompris.

# DIS-MOI QUI TU AIMES

Les ravages de la passion, voire les meurtres passionnels, sont courants. Et les conduites punitives ou auto-punitives innombrables au sein des trajectoires amoureuses, qu'elles soient modestes ou idéalisées. Innombrables encore les manifestations de bovarysme ou de don-juanisme, le cynisme de façade abritant les mille facettes de l'idée fixe ou de la vérification. Que dire encore de ces amours platoniques, construites autour du non-dit, où l'un est supposé savoir ce que l'autre ne peut ni ne veut avouer, ce qui dans les cas extrêmes mène à l'érotomanie, laquelle se conclut souvent par un passage à l'acte d'une violence inouïe?

Existe-t-il une passion amoureuse normale ? A partir de quel seuil la passion bascule-t-elle dans l'anormalité ? Les choses ne sont pas simples : il est des moments anormaux dans pratiquement toute relation amoureuse comme il est des périodes paisibles, gratifiantes, sans tourments, dans un drame passionnel vécu. Il est des moments d'isolement, et en même temps, contrairement à la légende, les amoureux ne sont pas seuls au monde : même Roméo et Juliette ont des familles ! En amour comme ailleurs, la paranoïa est une chose du monde partagée. Il n'en est pas moins vrai que, dans tout état affectif en phase d'activité, on voit s'installer d'une manière plus ou moins forte la « perception d'une signification personnelle – impossible à prévoir » (Lacan).

Aux yeux d'autrui, l'amour, la passion sont toujours singuliers, sinon incompréhensibles – comme d'ailleurs leur fin, soit par épuisement routinier, soit par l'achèvement brutal, inattendu, indiquant le dégoût, la pitié, le rejet. L'Amour procède d'une captation, d'une clôture entre deux personnes, tandis que s'atténuent ou perdent leur importance les liens avec autrui ou avec les groupes, les institutions investies auparavant. Un seul être vous est cher et tout est dépeuplé. Qu'est-ce que l'amour ? La greffe de l'imaginaire sur des pulsions animales vitales, qui ne participent pas de la profondeur de la personnalité ? C'est la thèse célinienne : l'infini à la portée de caniches. Au contraire, est-ce l'expression spécifiquement humaine de mécanismes psychiques investissant, pour éviter par exemple l'angoisse de mort, un objet ici amoureux, ailleurs persécutif ? Délire, sensitivité hyperdéveloppée et amour auraient alors la même signification, et l'on pourrait passer de l'un à l'autre si les circonstances intimes, sociales, institutionnelles, l'exigeaient.

L'amour est une succession d'investissements massifs, hyperclairvoyants dans un sens, complètement aveugles dans un autre. Même si ces investissements sont focalisés sur un objet jugé positif par la plupart des gens, la disproportion d'avec le réel a de quoi inquiéter si on y regarde d'un peu plus près. Sans aller jusqu'au crime, que de violences, de séquestrations, de rapports sado-masochistes, d'humiliations, sont quotidiennement exercés dans le cadre de relations amoureuses jugées banales. Que de souffrances aussi, tournant autour de ce que l'on appelle impuissance. Impuissance de quoi sinon d'être pris au piège de la possession, de subir une castration symbolique ou bien de se démasquer, impudique, bestial dans la jouissance.

L'amour n'est pas que cela. La lune de miel apparaît exactement comme son contraire. Pourtant, même dans cette période bénie des dieux, il est possible de retrouver tous les ingrédients d'une parano, objet unique, idée fixe, construction imaginaire d'un réseau psychologique dans lequel rien ne compte plus que le but fixé. Ce qui change, ce n'est pas le discours, c'est l'atmosphère heureuse, la tonalité affective, le plaisir, la jouissance ; qu'ils viennent à disparaître, surtout d'une manière unilatérale, alors pour les plus chanceux apparaît la vacuité du réseau, le côté arbitraire de la relation, son aspect totalitaire ; pour d'autres, il y aura basculement vers la jalousie, jusqu'au délire tant la blessure est parfois faite au narcissisme du sujet, d'une violence inouïe, atteignant d'une façon insupportable l'image idéale du moi, exigeant donc d'une manière impérieuse une explication.

L'objet du désir ne pouvant être qu'innocenté, sauf à démonétiser le désir lui-même, il va bien falloir trouver la trace d'un complot, les tiers qui aveuglent l'être aimé. Il y a quelque singularité à cette mise en scène d'une ou d'un élu pour qui le sujet éprouve des sentiments angéliques, tandis que le reste du monde est hostile, à tout le moins fait tout pour empêcher le bonheur de deux êtres qui s'aiment. L'angélisme est un élément de base des personnalités paranoïaques qui vivent dans une compréhension duelle du monde : les bons, et les mauvais. Parmi les bons, le sujet lui-même évidemment. Cela n'exclut pas un sentiment de culpabilité, mais ses fautes sont commises en toute innocence, sans intention de faire le mal, sauf obligation impérieuse de le faire, obligation qui s'accompagne d'une souffrance réparatrice, rendant au sujet toute sa propreté. Le sujet, donc, parmi les bons. Les autres que l'être aimé, parmi les mauvais. Eux ne désarment jamais ; ils profiteront du repos du guerrier pour continuer à tisser leurs fils ; ainsi, une relation amoureuse, dès lors qu'elle n'est pas à son acmé, naïve, hédonique, s'accompagne d'une tension énergétique qui mobilise le sujet tout entier. Il n'y a pas d'amour béat.

Dieu merci, l'immense majorité des amoureux ne développe pas une telle construction paranoïaque. L'angélisme est présent pour tous dans un sentiment de bonheur où chacun se pare des plumes du paon. Tout le monde n'a pas le destin de Roméo et Juliette, ni ne souhaite vivre avec une extrême intensité sa relation. Si l'amour paranoïaque existe, plus souvent qu'on ne le dit, l'amour n'est pas toujours une passion, même s'il en prend la parure. Osera-t-on dire qu'une médiocrité de bon aloi est le lot de beaucoup de gens pour qui la peur de la solitude est la pire des choses, et souligner que le besoin sexuel chez les personnes éduquées pour le respect de la norme passe par le mariage ou une relation suivie, plus ou moins exclusive ? La fin justifiant les moyens, l'imaginaire nouveau du sujet trouvera quelque part son matériel d'images pour entretenir la flamme. Cela est suffisant à beaucoup qui ne peuvent ni ne veulent raisonner, pour lesquels seule compte l'intuition amoureuse qui les pénètre suffisamment en profondeur ou suffisamment longtemps pour qu'ils soient heureux.

Il y a loin entre une tonalité affective, même très forte, et la réaction passionnelle qui peut être effrayante, entre l'intuition sans espace libre et la susceptibilité exacerbée, immédiate, totale. Toutefois, il y a une parenté évidente, un glissement, peut-être masqué un temps par le désir et/ou le sentiment qui s'installent comme les nuages remplissent peu à peu un ciel bleu d'été ou une nuit étoilée.

Ici encore, c'est l'intensité des sentiments, plus que leur cause ou leur organisation, qui marque la différence entre l'amour « normal » et l'amour paranoïaque. Intensité, atmosphère, entourage, vitesse d'apparition des sentiments ou des sensations créent, tout autant que la personnalité, les prédispositions, la structure profonde, ces passages de l'un à l'autre qui, quelquefois, aboutissent à la « une » des journaux. Ainsi, le sentiment d'insécurité est-il moteur de toutes sortes de provocations ou de vérifications, d'humiliations comme de rages, transformant le plus délicieux des couples en un jardin des supplices. Ainsi des efforts faits pour ne pas téléphoner à son amoureux, qui constituent une torture intime. Alors peut s'installer cette « inquiétude impérieuse » dont parle Margulies qui va tout guider, tout dominer et parfois tout gâcher. Comment ne pas évoquer un vécu paranoïaque devant l'attente de ce coup de fil qui ne vient pas ? Mille inquiétudes invraisemblables, mille suppositions farfelues, le doute mutilant toute pensée raisonnable... Puis, quand le coup de téléphone vient, et donne l'explication prosaïque de son retard, l'inquiétude s'évanouit, la personne en cause est toute pantelante, toute penaude, tout étonnée de l'immensité de la construction « paranoïaque » qui s'était élaborée, là, tout de suite, à l'instant. De l'extérieur, tout cela était éphémère, à peine perceptible, en apparence contrôlé. De l'intérieur, cette attente était d'une durée infinie, totalitaire, envahissant tout le psychisme, véritable torture où prédomine la certitude de l'incertitude, alors même que celle-là n'est en rien justifiée.

Le soupçon alimentant le soupçon, le « délire » à deux peut s'installer, dans lequel chacun des protagonistes va faire escalade de doutes, de vérifications, de pièges tendus à l'autre. De ce point de vue, les doutes non dits sur la séduction présentent comme un modèle exemplaire de laboratoire : affres, tourments hantent ceux ou celles qui se sentent trop jeunes ou trop vieux pour le partenaire, ou bien les obsédés du poids, des vergetures, des dents, ceux qui ronflent, qui ont du poil ou pas de poils. Au-delà de la séduction, l'amour est l'occasion pour focaliser d'une manière obsessionnelle, ou rigide, sur le corps vécu une construction qui est l'apanage de la paranoïa. Chaque parole ou chaque silence de l'autre est guetté, interprété, trituré, déchiffré à l'aide d'un code personnel, secret, sans valeur pour autrui, sauf la complicité avec ceux qui sont passés par là.

Deux âges sont terribles pour ces focalisations démesurées : l'adolescence et la vieillesse.

Combien d'adolescents beaux (peut-être pas d'une beauté à la mode) vont jusqu'au suicide, en tous les cas vivent d'une façon dépressive les transformations de leur corps, s'enferment, se referment, acquérant parfois pour toute la vie des complexes si forts que, malgré mille preuves du contraire, mille succès amoureux, socioprofessionnels, ils cacheront derrière leur timidité un sentiment d'infériorité quasi délirant, les conduisant, comme tout paranoïaque, au cortège des vérifications infinies, des interprétations abusives, des susceptibilités déplacées. Il est important de ne pas sous-estimer dans la relation amoureuse le poids de cette souffrance inouïe qui ne se dit pas ou se dit a minima, dans une quête d'aide, de réassurance, d'affection disproportionnée, au point d'en devenir gênante, assez pour détruire, contre la volonté de l'un ou de l'autre, des couples au départ si heureux.

Le sort des vieillards est plus terrible encore, acculés à une mort dont ils ne peuvent accepter qu'elle puisse être à certains égards désirée par les proches, les descendants, les successeurs. Chaque indifférence les pousse vers la tombe, chaque parole les y précède. Trop d'attentions les invalident ou sont intéressées ; pas assez font partie du complot qui se noue. Ce n'est pas pour rien que les vieux font souvent un délire de persécution. Leur focalisation à eux, c'est le rejet, l'inutilité, la fin du désir, la solitude. La peur est leur maîtresse absolue ; aux monstres humains s'ajoute le face-à-face, chaque jour rapproché, avec la mort. La fin du désir de l'autre est le pré-enterrement qui va séparer le vieillard de la communauté des vivants. Les couples qui vieillissent en dehors du désir se côtoient plus qu'ils ne s'aiment, sont associés par nécessité ou habitude plus que par amour. La tendresse qui sert d'alibi masque trop souvent des haines recuites, de minuscules foyers de parano domestiques qui font l'ordinaire de ces vieux couples.

N'est pas Philémon ou Baucis qui veut. La peur du ridicule, la maladresse, la honte de son propre corps, comme si l'autre ne le voyait pas, deviennent un immense tourment, empêchant bien souvent, par autocensure de franchir le pas nécessaire. Un compliment sincère sera pris pour une basse flatterie ou une manipulation, mille suppositions seront échafaudées qui ne peuvent ni se dire, ni s'avouer, laissant un sujet amer, victime d'une histoire trop belle pour y croire : il n'y a pas d'amour heureux, et la mort, inéluctable, qui approche, marquée de paliers qu'on espère chacun définitif, alors qu'à chaque fois une marche de plus est descendue.

C'est peut-être pour éviter toutes ces paranos de l'amour que se sont imposés des rituels qui engagent vers un pacte de consentement mutuel. Passé le premier temps de la parure de paon, indispensable à la séduction, sublimant le désir animal par la conquête verbale, le rituel débute par la « déclaration d'amour » qui est tout autant un chant poétique, émotionnel, transcendantal, qu'un pacte de non-agression pour que chacun reconnaisse l'autre, tentant ainsi de désarmer les pièges futurs.

L'amour commun, normal, est ainsi réglé, éliminant le risque de toute blessure émotionnelle ou narcissique. Les amoureux sont avertis de part et d'autre. Alors un pas de plus pourra être fait dans la réglementation autoprotectrice. Couples à l'essai ou officiellement mariés vivent un statut qui les protège ou les rassure, mais dans lequel la règle du jeu, les territoires sont assignés, y compris le territoire des fantasmes. Il s'agit d'un véritable contrôle social, d'un règlement intérieur suffisamment étouffant pour que, quand vient la fin du désir, s'expriment des symptômes de la suffocation duelle : femmes battues, alcoolisme, tromperies. En général, les rituels mis en place sont suffisamment forts pour que, même dans la douleur ou la violence, les compromis à deux se fassent, permettant cahin-caha, parfois dans le silence, parfois dans le sadomasochisme, une forme de survie du couple. Cependant, le déséquilibre des passions, l'un aimant encore et l'autre plus, ou moins, peut entraîner une vie relationnelle bien plus compliquée ou mener le couple, l'un des partenaires au moins, à la catastrophe. Lorsque la rumination devient l'activité psychique principale d'un homme, tous les déclics de la parano peuvent se mettre en place. Une sorte de transgression psychique s'installe, qui va servir à diaboliser l'autre. Ce qui était positif devient négatif, la communication est biaisée par la revendication ou le soupçon, toute absence non justifiée est signe de trahison, toute transformation de parure une tromperie putative... même les manifestations de tendresse n'ont qu'un pouvoir momentané, suivies de doute pour le sujet. Toute sollicitation de l'extérieur est interprétée dans le sens de la méfiance comme dans le sens de la jalousie, voire du désespoir.

Le passage à la médiocrité du quotidien peut au contraire se faire grâce à la succession ritualisée des événements d'une famille : naissance des enfants, baptêmes, premières sorties d'adolescents, fiançailles, mariages, décès. Pour peu pourtant que le noyau parano d'un des parents s'y prête, c'est sur les enfants que peuvent se reporter la rigidité, les soupçons, les ruminations devant les transgressions des interdits familiaux. Le désir incestueux, en règle générale colmaté dans la relation asexuée parents/enfants, peut également développer une agitation quasi délirante, quand par exemple la fille trompe son père avec un petit ami, surtout quand ils font l'amour ensemble. La dimension sexuelle du génie paranoïaque est évidente dans ce rapport transgénérationnel où l'interdit s'habille des oripeaux de la loi pour ne pas s'exprimer. Le père qui n'ose pas être incestueux, ne pouvant même pas se le dire, imagine mille complots de la part des séducteurs de sa fille. Il leur prête ses propres désirs fantasmés de viol, de relation sadique ou humiliante. Surtout, il se persuade que c'est lui qu'on trompe, ou encore qu'il n'est ni considéré, ni reconnu ou bien, d'une façon plus courante, qu'on lui vole son enfant. Ce qui est vrai pour la relation père-fille l'est tout autant pour la relation mère-fils, sous les formes d'une violence plus discrète : ingérence fureteuse dans l'intimité du couple, sabotage, dénigrement de la maîtresse ou de la femme, avec les mille ruses du paranoïaque pour conforter la véracité de ses pressentiments que « seule une mère peut avoir ».

Ainsi, même la vie de gens ordinaires peut être marquée de dérapages incontrôlés vers des zones où la raison échappe à la raison, où le réel a deux vérités : celle qui fonctionne pour les autres, celle qui fonctionne pour soi à partir des prémisses toutes subjectives, toutes personnelles, donc faussées. On conçoit mieux l'importance de la ritualisation de la vie, comme celle de la convivialité du groupe, pour contenir dans des limites raisonnables les passages à l'acte de tel ou tel. La ritualisation a valeur de loi symbolique renvoyant aux fantasmes imaginaires des transgressions plus ou moins morbides, sans que l'on puisse nier les souffrances que tout cela engendre.

En passant du réel au symbolique, beaucoup d'êtres règlent leurs comptes avec leur bestialité ou leurs pulsions instinctivo-affectives. Ils les contiennent. Pour autant, la construction mentale autour de ces pulsions perdure. On peut être surpris par exemple, au cours d'une psychanalyse, par le contenu mental de tel ou tel individu en apparence doux, non violent, respectueux des autres. Un homme qui a des fantasmes de guerrier nazi se livrant aux pires cruautés s'excusera mille fois de vous avoir écrasé le pied par mégarde. Jérôme Bosch devait être le meilleur des hommes et ne pas faire de mal à une mouche. De même en amour, les couples laissent coexister un moi normal, respectueux des libertés, et un moi parasité par des désirs de vengeance, des envies d'humiliation ou, au contraire, torturé par des humiliations, des mensonges, un non-dit de l'autre, avec une extrême exagération qui parfois confine au délire.

Si la parano dans l'amour ne s'exprime pas ou mal, si la torture est frustrante, l'impotence grave, surdéterminée par la peur du dévoilement devant les autres, bref si la crainte de perdre la face en raison de secrets intimes est forte, alors augmente le risque de déplacement de l'objet de la paranoïa sur un autre, un groupe, une institution, la société. Qu'en serait-il d'Hitler sans Eva Braun ? Le déplacement vers le social de problèmes personnels à connotation sexuelle est extrêmement répandu, fait l'objet d'innombrables productions artistiques dont les films d'Hitchcock sont souvent une belle illustration. Le plaisir sexuel et la communication amoureuse n'étant plus désirables pour eux-mêmes, puisqu'ils ne procurent pas ou plus les jouissances attendues, il devient pulsionnellement indispensable de s'offrir des compensations réparatrices ailleurs, notamment par la prise de pouvoir, fût-il un petit pouvoir qui permet la domination des autres. Le passage de la parano à la perversion sado-masochiste est ainsi mis en marche. A l'inverse, le pervers peut être pris au piège de ses propres actes lorsqu'il tombe sincèrement amoureux, abandonnant ou bien la protection perverse ou bien son amour, ou encore perdant l'un comme l'autre, faisant souffrir l'objet aimé tout en souffrant de le faire souffrir.

C'est dans l'amour que perversion et parano forment un duo inextricable, véritable expérience intérieure d'une douleur morale à la fois exquise, dramatique, fausse et vraie à la fois, en tous les cas laissant l'homme nu, désarmé, comme s'il lui manquait quelque chose d'essentiel, dans le même temps que, comme le toxicomane, il redoute d'être en manque de manque. En plein imaginaire, l'amour se télescope avec la paranoïa, comme avec la perversité sadomasochiste. Ils sont tellement proches qu'on ne sait plus très bien quelle est la part de l'un et de l'autre. Si les remous ainsi provoqués atteignent l'autre, cela n'est rien en comparaison de l'ébullition sauvage des sentiments ou du discours intérieur. Il s'agit d'un monde glauque, homicide, voué à l'anéantissement soit de l'objet d'amour soit des concurrents. Il faut faire souffrir, humilier, battre. Les pires scénarios sont échafaudés. Seul le système défensif social empêche le plus souvent le passage de cette fiction en ébullition à des actes cruels. Entre les mailles de ce système, il y a toutefois mille possibilités de petites cruautés, de mesquineries du quotidien, de surveillance provocatrice, de jalousie en acte pour empoisonner la vie de l'autre. Quel que soit le degré, c'est sous le signe de la violence que s'établissent les rapports amoureux. Si la violence sexuelle est contenue par des interdits (encore que bien des viols conjugaux prennent leur justification dans une jalousie semi-pathologique), son pouvoir dérivé, transféré sur d'autres, reste un des moteurs les plus puissants de la parano en arme. Le délire érotomaniaque, si merveilleusement décrit par G. de Clérambault, en est l'aboutissement extrême, quasi caricatural. Résumons-le : un sujet, presque toujours une femme, est supposé être l'objet de l'amour d'un homme, lequel pour mille raisons, mille excuses, ne peut pas se déclarer. Cependant, cet homme envoie mille messages, laisse des indications pour que la femme soit confirmée dans son amour interdit. Peu à peu enhardie, elle passe aux actes : d'abord petits cadeaux, brèves missives, etc., puis elle devient de plus en plus envahissante (dans un cas que nous connaissons, la femme avait réussi à se faire délivrer à elle et à sa fille majeure un passeport au nom du soi-disant amoureux par ailleurs célèbre dont elle assurait qu'il ne pouvait se déclarer en raison de sa position sociale). A la phase d'illusion succède la phase de réclamations, de doléances puis d'agression. Les missives deviennent menaçantes pour l'entourage, enfin pour l'amoureux. Dans un cas célèbre, le passage à l'acte s'est soldé par la revolvérisation du sujet et l'internement d'office de l'amoureuse « trompée ».

Combien de brimades, si elles ne vont pas aussi loin que l'érotomanie, trouvent leur source dans cette violence sexuelle interdite, surtout quand elle est hors norme ? Pour qui connaît le milieu militaire, le système des souffre-douleur est à l'évidence très souvent dicté par une pulsion homosexuelle cachée, honteuse, sans qu'il y ait vraiment de passages à l'acte, dans des conditions de vie normale. Là encore, l'institution à la fois permet et interdit, fabriquant l'un de ces compromis qui font vivre les hommes.

La société fait tout ce qu'elle peut pour atténuer cette violence dans l'amour. Elle contient la sexualité dans des interdits dont le plus important est celui de l'inceste. Pourtant, nous l'avons vu, c'est à partir de l'inceste, dans un effort de sublimation, que se construisent les idées les plus folles, que le délire soit diffluent ou paranoïaque. Seule, la ritualisation institutionnalisée oriente ces pulsions vers quelque chose d'acceptable, soupape d'échappement à la non-mise en œuvre de fantasmes impossibles. Les contes de fées ont par exemple une fin heureuse imaginaire, hautement symbolique. Et en même temps ils contiennent des éléments effrayants, terrorisants qui témoignent que la folie et la violence perdurent. Ainsi en est-il du grand méchant loup dont la symbolique est évidente. A partir du conte de fées, pour chaque âge, nous organisons des passes sublimatoires dont le rôle (notamment pour le jeu) est de mimer des situations qui ont à voir, réellement ou symboliquement, avec des constructions psychiques intérieures, lesquelles vont du désir au viol, de l'admiration à l'inceste, d'un rapport simple à la jalousie morbide.

Pour qui observe le jeu, donc la mise en actes, chez les enfants, il est évident que, dès ce très jeune âge, des traits de rigidité, des projections déplaisantes s'organisent. Le plus souvent, ils se désorganisent tout aussi vite. Des crises violentes interviennent dans le jeu, créant des minutes, des secondes de haine incontrôlées, mais la plupart du temps cela se résout. Cependant, ces violences marquées par un corps à corps physique traduisent dans l'aire du jeu l'apprentissage du contrôle de la pulsion violente. Le jeu succède au conte de fées ; la direction reste la même : il s'agit du contrôle du groupe sur la violence sexuelle, à travers le contrôle de la violence tout court.

Plus tard encore, à l'adolescence, lorsque se font les choix de l'objet sexuel, tant bien que mal, pour contrôler l'ambivalence, la non-finition du désir, c'est l'exaltation romantique, le surinvestissement sur tel ou tel objet amoureux qui, par le biais de l'exclusivité, sera le rail d'une rigidité préexistante, d'un travail psychique dont les similitudes avec l'organisation délirante paranoïaque sont évidentes. La majorité des adolescents amoureux ne font pas des états passionnels para-pathologiques ; mais tous les ingrédients peuvent être réunis là, à ces instants-là. Cette fluidité témoigne que seule la répétition dans le temps de ce type d'état mène à un déclic qualitatif ; sinon, heureusement, il y a le plus souvent réversibilité. Il s'agit d'une succession d'équilibres psychiques instables, auxquels sous la pression des événements tout le monde peut être sujet. Nous savons que chacun d'entre nous est sujet à des crises parano. L'amour est l'occasion de le vérifier. Comme il est le moyen de vérifier qu'il n'est pas obligatoire que le fantasme se transforme en réel. Ou bien qu'il peut le faire sous des formes dégradées, amollies, moins dangereuses, tant que la ritualisation ou le contrôle social fonctionne suffisamment bien.

Chaque personne vit différemment la révélation de sa propre parano. Certains l'assument, d'autres s'autocritiquent avec une part d'humour, d'autres le vivent douloureusement. Certains en jouissent, nous l'avons vu, dans des situations de pouvoir. Enfin certains, la plupart, sont dans l'ambivalence avec des sentiments peureux, dépressifs, de défense de soi. Seul, l'amour est totalement révélateur de ce que peut être une personnalité. L'amour transforme le Docteur Jekyll en Mister Hyde.

Les calculs de carrière les plus cyniques risquent d'être balayés par la passion. Tel qui est pingre dilapide sa fortune, un autre d'ordinaire si subtil n'écoute rien ni personne ; ce politicien si puissant se laisse manœuvrer par sa maîtresse ; la jalousie vient ravager le champ psychique et transforme un être apparemment sain en bête fauve : tel homme d'affaires jeune, riche, reconnu, à qui tout réussit, tue sa femme. Si l'amour est créateur des plus belles œuvres de nos cultures, il est a contrario formidablement destructeur d'œuvres, d'hommes, de sociétés.

Faut-il qu'on soit nu, petit, misérable pour douter autant de soi-même, de son propre corps, de sa capacité à faire jouir. Ou faut-il encore que la vieille, la primitive culpabilité d'avoir désiré, aimé l'interdit jusqu'à ne pas pouvoir se le dire vous rende impuissant pour que l'état amoureux vous mette si douloureusement, si immédiatement en état de dépendance, en état d'infériorité. Désirer sa mère est quasi admis dans nos sociétés occidentales, comme est admis tacitement l'amour entre frères et sœurs. Par contre, qu'un frère désire un frère ou son père dans une pulsion homosexuelle irrésistible, alors se mettra en place le mécanisme qui, de la faute initiale, va jusqu'à la paranoïa à travers toutes les répétitions, toutes les vérifications de l'amour impossible.

L'amour ne se vit pas sous des formes aussi laides ou redoutables que celles que nous venons de décrire. Le romantisme n'est pas la parano, ni l'exaltation exclusive de l'autre. S'il y a des parentés, des risques de bascule, il y a aussi le plus souvent joie de vivre, ivresse du sentiment, jouissance, érotisme merveilleux. Entre l'apogée et le désastre, il y a des passages et des similitudes. Pourtant, l'un n'est pas l'autre. Paradoxalement, un paranoïaque peut être heureux, amoureux, non agressif. Quelle que soit la lourdeur de son histoire personnelle, l'amour tue ou suspend la maladie, effracte le mur, suspend la méfiance. Un temps seulement. Cependant une seconde de confiance vaut un siècle d'angoisse, l'apaisement d'un jour épanoui des semaines de douleur. L'amour recrée le temps, comme le monde des fantasmes ou celui des atmosphères affectives. Il n'y a à cela peu ou pas d'explications. Ombres et lumières se côtoient sans que l'analyse la plus fine puisse nous permettre de dire : « ceci est là, à cause de ». Miracle du subjectif sur l'effectif, sort incroyable de la condition humaine, trop vaste, trop mouvante pour être cernée autrement que par des plongées émotives ou des tentatives réductionnistes plus ridicules les unes que les autres.

Car il n'y a pas de « vérité » scientifique dans l'approche des sentiments ou des émotions. Encore moins dans celui des passions ou des délires. L'homme n'est pas l'animal, le besoin de copuler ne crée ni n'explique l'imaginaire, dont la paranoïa et l'amour sont deux versants, si proches l'un de l'autre qu'ils peuvent être confondus, si loin pourtant que l'un apporte le bonheur, l'autre le malheur ou la douleur. Cette proximité comme cet éloignement se font, se défont, sans suite logique. Il y a des instants douloureusement exquis, des bonheurs rigides, des malheurs salvateurs.

Certes l'homme est soumis aux aléas de son histoire, aux drames des générations qui l'ont précédé, aux traumatismes de l'enfance, la relation à la mère, Œdipe interdit, Œdipe contourné. Pourtant, à histoires identiques, il n'y a pas de réponse égale. L'inégalité de l'homme n'est pas dans la race, elle est dans le sentiment, dans la capacité à métaboliser rêves ou fantasmes dans le plaisir ou la douleur.

Amour et paranoïa s'entendent tendrement, en temps ordinaire. Quand l'orage gronde, la tempête explose, l'un prend le pas sur l'autre. Pour certains, il s'agira d'un accident de parcours, pour d'autres d'un temps suspendu. Pour quelques-uns, la vie en sera marquée à tout jamais. Pour certains couples, la dépendance à l'autre sera totale, fusionnelle ou masochiste. Pour certains hommes, la peur de soi-même, l'obsession de l'insuffisance ou de la laideur seront telles qu'ils vivront dans une effroyable solitude, plongés nuit et jour dans le désespoir. Pour d'autres, la vie sera empoisonnée, par la jalousie ou le doute, allant jusqu'au suicide, voire au meurtre. Certains au contraire s'épanouiront, se comprendront, s'appuieront l'un sur l'autre pour, à l'heure de la mort, quand rien ne compte que l'essentiel, redécouvrir, une fois encore à la différence de l'animal, qu'ils s'aiment, que leur imaginaire a construit quelque chose de spécifique, de beau, d'émouvant qui s'appelle l'amour.

Pour ceux qui n'ont pas cette chance-là, la ritualisation de la vie, ses règles, ses coutumes, ses religions meublent les silences et empêchent de se retrouver nu, la plus misérable de toutes les créatures, poussière promise à la poussière comme il est dit dans l'Ecclésiaste.

# ET LA DROGUE ?

Si Hitler n'avait pas pris d'amphétamines, quel aurait été le sort du monde ? Si tous les Japonais en avaient pris, seraient-ils tous devenus kamikazes ? Si Staline n'avait pas pris tant de vodka, aurait-il versé dans de si terribles délires ?

La drogue ne change pas la face du monde, ni ne crée à elle seule la paranoïa. Elle n'en est que rarissimement le facteur fondateur. Elle peut en être l'élément déclenchant ou aggravant, mais la cause essentielle réside dans la personnalité du toxicomane, son rapport avec le produit, l'influence du moment socio-culturel. Il faut laisser aussi toute sa place au hasard, à la rencontre d'éléments instables dans la genèse d'une toxicomanie comme d'une parano, bref à ce qui appartient à l'instantanéité, celle de la découverte du plaisir, celle de la révélation subite des dangers, réels ou imaginaires, qui vous menacent. La spontanéité peut être terriblement dangereuse lorsque se découvre, grâce au produit, la possibilité de transgresser la loi, d'être le plus cynique des cyniques, de se permettre ce que les autres ne veulent ou ne peuvent pas.

Si cette découverte survient après d'innombrables déceptions accumulées, répétées, qui ont à voir avec l'impossibilité de composer avec la norme, alors sonnera pour certains l'heure de la revanche, pour d'autres celle de la peur ou du délire. Un toxicomane, brimé depuis l'enfance, emprisonné dès l'adolescence, se tenait à côté d'un flipper ; il entendit le mot « flic » alors que l'autre disait « flip » ; tout le passé lui revient en un instant, lui retraverse la tête, le passé avec son cortège de peur, assez pour que le toxico sorte un couteau et poignarde un joueur innocent qui n'avait rien à faire avec son histoire. Ce passage à l'acte est le type même de l'idée fausse du paranoïaque, même si, une heure auparavant, avant que le produit ne fasse son effet, le sujet n'était nullement dans un délire de persécution. Le scandale absolu est que quelquefois, sous l'effet du produit, la nudité hideuse de la mort apparaît à un sujet, le laissant sans espoir, ce qui lui permet tout.

En bien ou en mal, le produit crée. A l'acmé de son action, il fusionne l'imaginaire et le réel, le plaisir et la toute-puissance. Après c'est la descente aux enfers, compensée les premiers temps par la répétition, l'augmentation des doses, la jouissance perverse du manque. Si un homme a des tendances paranos, le vertige de cette nudité devant la mort, joint aux fusions spécifiques du produit, entraîne la construction d'un autre moi qui peut être à la fois tout-puissant et tout nul. Alors le sujet, extrêmement sensible aux variations de l'atmosphère, peut basculer dans l'interprétation fausse, le délire de toute-puissance ou de toute persécution. Les produits agissant par ces cycles de « high » et « down », l'atmosphère affective que ressent le sujet, les souvenirs qu'il mobilise, son humeur dépressive ou excitée traduiront ce rythme.

De même que la rencontre entre le produit et la personnalité crée un fait indubitablement spécifique, il y a une singularité dans le choix électif du produit par un homme en fonction de ce qui se passe dans le voyage, des effets pervers ou secondaires espérés ou redoutés.

Car ce n'est pas la même chose de prendre de l'héroïne ou de la cocaïne, des sédatifs ou des amphétamines, des hallucinogènes chimiques ou naturels. Celui qui prend de l'héroïne souhaite renoncer à l'âge adulte avec la possibilité de régresser. En dehors du plaisir initial qu'elle donne, l'héroïne est un formidable anesthésique, un extraordinaire philtre contre la culpabilité. Le sujet se retrouve à un stade archaïque, jouissant de ses sensations immédiates, instinctives dans une atmosphère tiède, guimauve, qui ressemble pour certains à celle du liquide amniotique. Un nourrisson n'a pas de culpabilité, un héroïnomane non plus. Par contre quand les effets cessent, avec le manque s'installe, plus vraie que nature, une vision du monde dépressive, ou surtout persécutée (il est d'ailleurs frappant que la drogue la plus conviviale, le cannabis, si elle est fumée par un héroïnomane, engendre très souvent des « paranos » qui font que le toxicomane va la rejeter). Les relations avec les autres sont extrêmement tendues, la peur de sortir – hors de la rencontre avec le dealer – est commune. Le sujet fait constamment la comparaison entre ce qu'il ressent sous héroïne et ce qu'il vit à jeun. Sous l'effet du stupéfiant, il est seul mais protégé ou indifférent à ce qui se passe à l'extérieur ; il est le centre du monde, de son monde ; d'ailleurs il n'y en a pas d'autre. C'est en quelque sorte une parano à froid. Au contraire, en manque, c'est la parano à chaud.

Dans un retour quasi mélancolique au monde des autres, au-delà du sentiment d'exclusion, peut-être antérieur à la prise d'héroïne, il est habité par la certitude de la différence puis, s'il est courageux avec lui-même, par la conviction de son échec à avoir réalisé un paradis pour lui tout seul. Débarrassé des effets de son narcotique, il se retrouve nu : il n'a rien fait, il n'est rien ou il a tout perdu, cependant que les autres continuent à vivre plus ou moins mal, créant une œuvre, fondant une famille, moins solitaires surtout. Ce monde des autres lui apparaît hostile ; il n'y trouve pas sa place et devine dans le regard de l'autre le mépris ou le rejet. Il ressent avec une acuité démultipliée ce qui existe vraisemblablement dans des proportions plus relatives. C'est ce sentiment d'exclusion né avant la poudre, anesthésié par elle, regonflé avec ampleur une fois les effets du produit dissipés, qui le rendra malheureux, angoissé, au point qu'il se suicide ou recommence.

L'héroïne reste une bonne mère nourricière qui protège son enfant, lui laissant au moins le souvenir d'espaces de bonheur, de satisfactions orales. L'anéantissement de la sexualité, par la régression au stade archaïque où la vie sexuelle n'a pas d'importance, soulage le sujet qui n'a pas à faire ses preuves, ce que parfois il redoute le plus au monde. La crainte de la frigidité, de l'absence d'érection, de l'éjaculation précoce ou encore la hantise de la laideur supposée qui le travaillent tant n'existent plus avec l'héroïne. Sans elle, c'est le retour à l'angoisse du jugement de l'autre qui le trouble jusqu'à l'extrême, surtout si, au-delà des difficultés déjà évoquées, se pose la question d'une homosexualité latente ou mal assumée.

Avec l'héroïne s'ouvre la possibilité d'une paranoïa de passivité. La « poudre » permet de supporter ou d'anesthésier les choses désagréables de la vie, ou du moins de les mettre entre parenthèses. Entre le plaisir et le manque, plus rien d'autre que la « dope » n'existe. La vie, l'affectivité, les ressources financières sont centrées sur elle. Une fois le produit injecté, l'individu est aussi repu qu'un nourrisson après la tétée. Alors le monde extérieur, les autres n'existent pas dans leur réalité propre. A l'inverse, en état de manque, c'est le monde entier qui devient une jungle. Le pire reste pourtant l'après-sevrage. Nous l'avons dit ailleurs : c'est le toxicomane guéri qui se suicide. Le retour à terre est mélancolique ; tout paraît triste, terne, dénué de chaleur, de sens, de plaisir. Plus atroce encore (du moins dans un premier temps), le regard de l'autre, la relation à autrui. Constamment aux aguets, le toxicomane interprète, déforme, juge, est jugé. Un double discours s'installe : celui, non dit, de sa nostalgie, de son malheur et celui offert à l'autre pour lui plaire ou le rassurer (les parents), ou encore pour s'autoconvaincre de la valeur de la norme. Le toxicomane sevré vit dans une forteresse invisible, soumis aux assauts incessants du monde. Parfois il arrive au compromis et se rigidifie ; parfois il n'en peut plus et recommence. Quelquefois, il ne peut ni l'un ni l'autre : il se suicide, renonçant à un combat dont les fins lui paraissent cruelles ou dérisoires. Le monde est son ennemi comme il est l'ennemi du monde. Le plaisir procuré par l'héroïne est rétrospectivement exagéré ; c'est en caricature l'image de la douleur exquise que ressent tout paranoïaque lorsqu'il entre dans cet étrange univers où le vrai est le faux ou vice versa. Chacune de ces phases est aussi réelle que l'autre. Quelle est la vraie, quel est l'état antérieur ? Ni le sujet, ni l'observateur, ni le psychiatre ne peuvent apporter la réponse.

Si l'héroïne est par excellence la drogue de la passivité, les amphétamines, ou, à un échelon intermédiaire, la cocaïne, sont celles de l'hyperactivité. Au départ, la relation avec le monde est très proche. Puis la confrontation avec lui s'impose. Il s'agit de vaincre, de dominer. D'abord dépasser les petites peurs nées dans l'enfance, confortées dans l'adolescence, quelquefois justifiées, par exemple par des projections de l'image corporelle ou par le déni de reconnaissance des parents. Puis se prouver et prouver qu'on est le meilleur, le plus fort, ce qui n'exclut pas, tout au contraire, une extrême timidité, voire une infirmité relationnelle. Les amphétamines ont deux actions : dans le « high », un sentiment de toute-puissance, de facilité devant la tâche à accomplir, la conviction d'une solution aisée à tous les problèmes. Chaque chose est évidente, des idées, des vérités enfouies dans les cavernes de l'inconscient émergent. L'imaginaire se télescope avec la réalité. Quant aux obstacles, ils s'effondrent ou, en cas de résistance, sont détruits. A l'inverse, dans le « down », quand les effets « positifs » du produit s'épuisent, le sujet devient nain, encore plus petit que nain, ridicule, misérable, sans buts, sans perspectives de sortie. Dans cet isolement, ce désastre, cette désolation, l'idée de la mort, la rumination morbide s'imposent. C'est dans ce contexte qu'il faut vite, à tout prix, recommencer la prise ou l'injection pour fuir cette débâcle et retrouver le Nirvana de la facilité et de la toute-puissance.

La répétition des hauts et des bas engendre un tourniquet d'idées plus confuses les unes que les autres. L'effet du produit est très bref, de plus en plus bref. Le nombre des injections devient fantastique, sans trêve ni relâche, donc sans sommeil. Le monde est totalement halluciné : chaque regard est méchant, haineux ; chaque parole est une attaque ; tout geste devient dangereux. La parano s'installe de façon de plus en plus durable jusqu'à aboutir dans certains cas à une véritable psychose amphétaminée, peut-être le seul exemple où l'absorption massive d'un produit engendre une modification psychique structurelle. Le toxicomane s'enferme dans ce monde étrange où les choses lui sont familières avant que monstrueuses. Plus personne n'a sa confiance, tout être est malintentionné. Comme il s'agit de produits plus ou moins illicites, la peur de la police envahit tellement le champ de la conscience que chaque personne est un policier, qu'il est dangereux de parler car des micros ont été installés partout. L'univers kafkaïen s'auto-alimente par la répétition, l'impossibilité d'arrêter, alors même que, « Docteur Jekyll and Mister Hyde », le sujet se voit dédoublé : il se regarde délirant, sans rien y pouvoir changer, hagard comme un « zombie », traversé d'intuitions géniales, de raptus suicidaires, de créativité fantastique. Illusions, malentendus cohabitent sur fond de douleur immense. Le moment le plus halluciné devient aussi le plus vrai. Dans la fulgurance de la révélation cocaïnée ou amphétaminée, le roi est roi, puis le roi est nu. Alors, s'il échappe, ne fût-ce que momentanément, aux effets maximaux des produits, il en garde d'une manière indélébile la mémoire. Derrière la façade de la normalité, il est plus fou que jamais. S'il possède le pouvoir comme Hitler ou Staline, ses ordres deviennent terrifiants, aussitôt exécutés par des courtisans terrorisés, d'autant plus fascinés qu'il y a chez le paranoïaque toxicomane des intuitions géniales, en même temps qu'un mépris fantastique de la loi, de l'éthique, l'ivresse totale de la transgression réussie, jouissance aussi forte que celle du produit. Puis, les interprétations sont de plus en plus fausses, les accusations de plus en plus injustifiées. La terreur règne, livrant à la folie sanguinaire des milliers d'êtres. Que ce soit avec le produit ou avec le délire, la paranoïa a sans cesse besoin d'être nourrie par de nouveaux aliments, comme un feu que l'on a besoin d'entretenir.

Une paranoïa (c'est plus évident avec des drogues) peut s'enkyster sous forme de noyaux interprétatifs, persécutés ou mégalomaniaques, au milieu de plages de psychisme sain. Elle perdurera d'une manière ou d'une autre à la merci du premier incident, même insignifiant, qui réallumera le feu de la mémoire. L'acuité de perception, extraordinairement aiguisée par les amphétamines ou la cocaïne, repère ces petits riens qui ravivent la plaie : une ambiance musicale, une parole, un geste, le goût de la sauce tomate suffisent. Après plusieurs nuits d'insomnie rythmées par le high et le manque, des situations tragiques s'enclenchent pour le toxico, à la fois dépassé par les événements et les précédents. Tout peut se passer à une vitesse diabolique, même le pire, la voie de fait, le coup de poignard...

Le sujet guéri, sans aller jusqu'à ces extrêmes, garde une hypersensibilité, une vigilance aux aguets qu'il est difficile de qualifier de normale, même si elle est compensée ou justifiée par une agilité d'esprit tout à fait frappante qui peut transformer le rictus en plaisanterie, la méfiance pathologique en mot d'esprit, quelquefois d'autodérision. Avec ce type de produits, jusqu'à un certain point le toxicomane sait sa parano, il essaie de la contrôler ou de la dissimuler. Il a l'espoir qu'elle n'est liée qu'à la prise de produits, qu'elle cessera à l'arrêt de l'absorption. Dans le même temps, tout à fait contradictoirement, il y adhère beaucoup plus qu'il ne le montre. C'est dans cette catégorie de personnes que le suicide est le plus fréquent, tant la vie apparaît un enfer.

A la différence de l'héroïne où l'on ne se tue qu'après (sauf l'overdose), la cocaïne tue aussi pendant l'apparente lune de miel, tant le différentiel entre le « high » et le « down » est abyssal comme est vertigineuse l'extrême rapidité avec laquelle les choses se passent. Il ne s'agit pas seulement d'effets « positifs » ou « négatifs », mais d'extase et de terreur, véritable expérience intérieure dont on mesure mal l'intensité, dont on n'imagine pas les atmosphères, dont on conçoit difficilement que le temps vécu par le sujet soit absolument différent du temps « réel ». Le produit représentera toujours pour le toxicomane le besoin ambivalent de s'assurer, dans sa « réalité », que ce qu'il ressent est « vrai », même si ce vrai est complètement déraisonnable.

Plus encore qu'avec l'héroïne, le cocaïnomane ne sera plus jamais le même : si l'héroïnomane a la nostalgie d'un paradis perdu, l'adepte de la cocaïne ou des amphétamines a bu un philtre qui le mène sans véritable retour en arrière dans le monde d'une certaine folie suspicieuse, conjuguée avec le plaisir ou le souvenir du plaisir. C'est un aller simple vers le sadomasochisme où l'association plaisir-douleur, amour/haine, est d'une telle violence que les autres choses de la vie paraissent fades, insipides, sans saveur ni couleur. Si l'héroïnomane recherche le manque comme ultime rappel de l'existence du produit et de ses effets, l'objectif du cocaïnomane, au-delà de cette démarche somme toute archaïque, est un droit d'accès à une paranoïa qu'il croit alternative, moyen inavoué d'une catharsis pour les démons qui l'assiègent, pour régler ses comptes avec ses parents, ses amours, ou la société. Parce qu'il n'est pourtant qu'un homme, pas un Dieu, les neurones qu'il va secouer lui rendront la monnaie de sa pièce, s'épuisant à redevenir normaux, pour capituler sans défense dans la folie installée.

Le rapport avec le divin est souvent, chez le cocaïnomane, le signe de cette dérive. Il n'est pas rare que ces sujets rencontrent, voient Dieu qui les charge d'un message, d'une mission : punir les méchants ou se punir soi-même des fautes commises contre sa propre liberté. Cela n'a rien à voir avec le délire halluciné des schizophrènes, car tout prend place dans un ordre logique, presque convaincant si on oublie l'ouverture du programme. Ce délire n'est pas un repli sur soi-même, immense brisure de soi en soi ; il devient action ou réaction ; il est vivant, il est dans la vie, dans la redoutable coexistence du sain et de la persécution, la jalousie, la passion sans réponse. Dès que l'occasion se profilera, délaissant l'angoisse, le désespoir mais non la peur, le passage à l'acte se concrétisera. Il y aura des victimes qui souvent ne savent pas très bien pourquoi elles le sont.

Si l'héroïnomane est fondamentalement passif, à la recherche d'une utopie archaïque lui rappelant l'utérus de sa mère, si au contraire le cocaïnomane, comme celui qui abuse des amphétamines, est l'hyperactif, c'est que les personnes qui font de tels choix recherchent de tels effets. Ils ne sont plus innocents dès lors que, passé la surprise de la première prise ou de la première injection, ils recommencent. Ils vont là où ils veulent aller, sans savoir cependant le prix qu'ils vont payer dans leur chair, dans leur tête.

Il en va tout à fait autrement avec d'autres substances. Le cannabis peut révéler une de ces failles de la personnalité qui prédisposent à la paranoïa, confortant le sujet dans son sentiment de différence avec les autres, bêtes, méchants, hostiles. (Car, contrairement à ce qui est dit, le cannabis n'est pas toujours une drogue conviviale.) Dans l'auberge espagnole du produit, chacun vient avec sa personnalité et son histoire.

A petite ou moyenne dose, le cannabis n'est pas proprement hallucinatoire. Pourtant, il n'est pas exceptionnel qu'il induise des pensées ou des délires mystiques avec révélation de Dieu ou d'une mission. Il reste qu'il n'est pas principalement une drogue de la passivité. Avec l'héroïne on ne pense plus, les événements sont filtrés, la culpabilité n'existe presque pas. Au contraire, le cannabis permet, surtout si ses effets sont surdéterminés par une musique appropriée, de multiples démarches psychiques qui vont de la rêverie sexuelle aiguë jusqu'à la mégalomanie – Je suis Superman ou Rambo –, avec une véritable exacerbation des sensibilités. Moins qu'avec les amphétamines, davantage qu'avec l'héroïne, lorsque la rencontre du produit avec la personnalité se passe mal, la suspicion triste s'installe, aggravée parfois par un malaise corporel, une sensation de n'être pas bien dans sa peau, d'autant plus affolante que le rapport avec le réel n'est pas aussi affecté qu'avec les drogues majeures, que la réalité est certes déformée mais qu'elle ne peut pas être occultée, ce qui place le sujet dans un état de crise extrêmement douloureux. Ce sentiment d'être alors malheureux est d'autant plus fort que le sujet est plus jeune ou plus fragile.

Le cas du cannabis est cependant dans l'ensemble banal. En règle générale, les choses ne vont pas trop loin, se limitant à des sensations, à un vécu désagréable ou pénible. Il n'en est pas de même lorsqu'il s'agit d'un voyage avec les hallucinogènes. Le terme même de voyage évoque une spatialité autre, la découverte de paysages nouveaux avec des émotions peu habituelles – le mot américain, « trip », est d'ailleurs plus juste. Quoi qu'il en soit, un homme prend un objet inerte, une pilule ; au bout d'une heure, il entre dans un monde où se télescopent l'imaginaire et le réel. L'instant d'avant, il n'était rien, le voilà Dieu. D'autres univers qu'il traverse apparaissent. En principe, il y a avec ces produits (surtout s'ils sont mélangés aux amphétamines) des hauts puis des bas. Dans la phase ascendante, tout est beau, merveilleux – Disneyland mâtiné de mystique, aurores boréales, couchers de soleil flamboyants bercés par une musique transhumaine menant au-delà des limites qui nous sont imparties. L'atmosphère affective est bonne, un peu suave, pleine d'excellents sentiments. Puis à un moment ou à un autre, c'est la descente qui peut parfois devenir une descente aux enfers. Les images positives cèdent leur place à des images négatives. Le face-à-face avec des masques grimaçants, des démons, peut s'installer, le Christ parle, vous appelle ; la mort, grimaçante comme une gargouille moyenâgeuse, vous prend dans ses bras. L'épouvante vous enveloppe et vous en garderez le souvenir quand vous serez redescendu. Une vision terrifiante du monde avec des rapports humains atroces deviendra votre vérité à la fin du voyage. Alors le sujet plus fou que nature vivra recroquevillé sa damnation sur terre, le sentiment de faute, la culpabilité ; les autres lui apparaîtront comme vivant dans le péché. Pour certains, toute une conception de la vie dans l'univers s'installera, allant jusqu'à l'adhésion à des sectes où l'adoration du gourou charismatique deviendra le seul lien social, l'aliénation à un ordre, sans question ni remise en cause permettant, par sa rigidité comme par sa manipulation, à chaque adhérent de ne pas se dissocier.

Il est difficile pour certains de revenir sur terre. L'expérience de l'« acide » peut être ineffable. Le sujet est presque un extra-terrestre qui ne peut communiquer son expérience ; il vivra à cheval entre son imaginaire et la réalité, d'où une extrême difficulté de communication puisque chaque mot, chaque parole a un double ou un triple sens. Quand cela devient franchement délirant, le clinicien retrouve le modèle de la folie classique. Au contraire, quand tout se superpose dans des discours apparemment logiques, quand le voyageur fait appel à la foi, à la révélation, à une invisible personne, quand on ne sait plus très bien la frontière entre la pathologie, la mystification et le réel, la situation est beaucoup plus déroutante ; quoi qu'il en soit, celui qui a fait le voyage aux hallucinogènes ne sera plus jamais tout à fait le même. Il a son secret présent dans sa mémoire. Il ressent de la pitié ou de la terreur pour les autres. Son amour prosélyte, surtout s'il est exploité par une secte, peut convaincre certains esprits faibles ou vulnérables, mais il irrite les autres, ceux qui n'ont pas les mêmes raisons d'adhérer à une vie révélée avec ses distinctions dogmatiques pour toute chose, entre le bon et le mauvais.

Les hallucinogènes isolent, signent un destin singulier à travers la découverte, voire la révélation ; l'usage de ce que l'on appelle les psychotropes, au contraire, rapproche, tout au moins au début, le sujet de monsieur Tout-le-monde. Ce type d'aventure commence avec un mal de vivre. L'angoisse, l'anxiété, la dépression, l'insomnie sont les moteurs inauguraux. Conçus par les laboratoires pour apporter la paix, sans donner du plaisir (sans doute en raison d'une conception moralisante judéo-chrétienne du médicament), leur escalade entraîne des effets inattendus puisque le Nirvana est proche de la confusion, voire du coma. Même à doses thérapeutiques, si ces produits calment les symptômes, ils créent une mise à distance émotionnelle, parfois faussement béate, qui sépare celui qui les a pris de ceux qui ne l'ont pas fait. Ils fabriquent ce que d'aucuns ont appelé une « camisole chimique ». Ce n'est pas le retour au berceau archaïque de l'héroïne ou des autres opiacés mais la cessation d'un symptôme handicapant et insupportable. Au début les sujets se trouvent de nouveau « normaux ; ils peuvent communiquer avec les autres, le champ de la conscience n'est plus obnubilé par le mal. Peu à peu pourtant, ce sentiment devient incertain. Il faut alors changer de produits ou augmenter les doses. Même ceux qui ne recherchent pas l'effet drogue vont vivre différemment. Ils se reconnaissent « drogués chimiques », le vivent de plus en plus durement. Une barrière plus ou moins invisible s'installe qui les sépare des gens dits normaux. Que cessent les effets des produits, et l'agression du monde extérieur devient immense, insupportable, insurmontable. L'isolement est autant interne qu'externe. Que le produit soit licite (calmants, somnifères) ne suffit pas à atténuer la culpabilité, comme si la participation au monde des citoyens n'était possible que grâce à cette armure.

De même que les effets sédatifs, voire euphorisants, des psychotropes atténuent l'angoisse, de même le sentiment paranoïaque d'hostilité du monde extérieur est en quelque sorte étouffé, transmis à travers un édredon, si bien que l'étrange se trouve aussi bien à l'intérieur du sujet qu'à l'extérieur. Il s'agit plus d'une incapacité à affronter le réel sans protection que de la grande paranoïa propre aux drogues dures, tout particulièrement spécifique de la cocaïne ou des amphétamines. La relation parano s'instaure davantage avec le temps qu'avec le monde humain. Le rapport avec les somnifères est en cela caractéristique. Celui qui l'avale demande à cet objet inerte un effet immédiat, une anesthésie de l'attente ; dans le même temps, il est intimement persuadé que l'effet ne se produira pas (d'où l'augmentation fréquente des doses, les changements incessants des produits réputés inefficaces, surtout la lutte extrêmement angoissée contre les effets dans cet espace où le produit commence à agir sans agir tout à fait). L'ambivalence du rapport devient une véritable paranoïa fétichiste : envahissement dépressif, bouffée d'angoisse, remugle du passé, peur extrême de la mort. Il y a une disproportion manifeste entre la réalité « objective » d'une nuit d'insomnie et la panique qui la précède, le somnifère étant investi comme une personne vivante de cruauté mentale, de désirs pervers, d'activité sadomasochiste. Il serait presque facile de parler de paranoïa d'objet, tant le côté répétitif, presque rituel du processus envahit le champ de conscience depuis la mise en place de l'angoisse jusqu'à l'endormissement.

La peur de ne pas dormir est le substitut paranoïaque à la peur d'être, à une évaluation de ses rapports avec autrui, avec la fin qui approche. L'objet-fétiche devient tout, ce qui est plus acceptable par la société, par l'entourage, par la médecine, puisque, après tout, il s'agit de malades.

Ainsi chaque groupe de produits répond plus ou moins aux problématiques personnelles de ceux qui les prennent. La rencontre du produit avec la personnalité crée un fait spécifique qui transforme (pratiquement pour toujours), par autorenfermement, toute relation avec autrui, qu'il y ait ou non dépendance. La vie ordinaire va se trouver de toute façon modifiée. Toutefois, il existe une immense différence avec la paranoïa « in situ » endogène ou iatrogène : la prise de produits est l'effet d'une répétition volontaire, grâce à laquelle le persécuté peut être Dieu, le désespéré redécouvrir le plaisir, même s'il le paie, lorsque la descente commence, d'une immense solitude, une effroyable détresse, une angoisse interne, un formidable non-dit obligatoire.

Prendre un produit, c'est bien sûr rechercher le plaisir, l'anesthésie ou la paix. C'est aussi exprimer autrement, avec son corps, avec son refus de dire, également avec sa culture, sa musique, la souffrance d'être en un monde qui apparaît froid, menaçant, insensible. La détresse affective est celle des écorchés vifs. D'ailleurs, cette démesure de réactions à la vie, à l'environnement, accompagne le toxico dès la petite enfance. La biographie d'un toxicomane est soit baignée d'une atmosphère à la Balzac ou à la Zola, soit un tissu subtil de blessures psychologiques ou affectives dont on mesure mal l'importance, sauf à les vivre. La réponse aurait pu être tout autre si la drogue n'était pas dans l'air du temps, ce temps vécu différemment, dont le gradient d'intensité est beaucoup plus grand que celui de l'homme ordinaire : une des clés de la naissance d'une paranoïa réside peut-être dans cette difficulté à affronter le rapport avec le temps ; une seconde paraît un siècle, une décennie un instant. Parce que le temps vécu est une charge, le substitut du temps, le produit, va être utilisé comme créateur d'un autre temps, annulant le temps ordinaire.

Grâce au produit ou à cause de lui, le sujet acquiert un rapport duel avec le temps, le sien, celui des autres. Il ne sait plus très bien où il est, qui il est, quel est le temps qui correspond au réel. S'il le sait, cela n'enlève en rien la souffrance, tant son adaptation est inadéquate. Paranoïa d'objet puisque le produit sert de médiateur entre lui et le temps, d'objet transitionnel lui permettant de reculer l'heure de la confrontation, prenant pour des certitudes ce qui n'est qu'interprétation.

Le toxicomane voit son intérieur, il voit son extérieur. Tous deux sont redoutables, menaçants. Tant qu'à faire, il préfère ce qui se passe en lui parce que, après tout, cela lui appartient. Alors se créent les monstres des délires fantasmatiques. Les plus doués les transformeront en œuvre d'art, en cinéma de l'effroi ou en littérature de l'horreur. Les moins doués choisiront de subir, dans une hallucination qui peuple la veille et le sommeil. La paranoïa d'objet devient, par le biais de cette situation transitionnelle, une « vraie » paranoïa. Le sujet peut cesser de l'alimenter par des objets inertes. Le monde extérieur, coupable, méchant, agressif, est suffisant. Ses déformations sont adressées directement au sujet, signes d'autant plus crédibles qu'ils étaient apparus déjà sous l'effet de la psychochimie.

La folie du toxicomane existe a priori, enfouie sous la normativité familiale, scolaire, sociale, elle est ensuite objectivée grâce aux effets des drogues, par une recherche obstinée du « bon produit », celui qui va à la personnalité comme une paire de chaussures aux pieds (avec la même difficulté lorsque les chaussures sont trop neuves, trop serrées, pas assez détendues). Grâce à la répétition s'est créée cette parano d'objet, qui dure tant que le rapport plaisir/souffrance est satisfaisant. La relation transitionnelle à la folie, liée au produit (qui ne sera, en pratique, jamais tout à fait évacuée), cède dans les cas graves à la paranoïa objective.

Reste alors une différence de solitude. Tout paranoïaque est solitaire. Mais la solitude paranoïaque du toxico passe par cet étonnant duo de l'homme et du produit, lequel envoûte la personnalité pour le meilleur et pour le pire. A la mémoire des écorchures, des blessures, des humiliations, s'ajoute ici l'accélérateur de différence entre des instants heureux, de quasi-Nirvana, et le puits sans fond de la souffrance quand les effets des produits s'inversent.

Si le sujet a obtenu ne serait-ce que le calme, il sera tenté de recommencer, de déplacer ses problèmes dans le bain chimique, plutôt que dans le bain social. Si l'aventure ne concernait que lui, ce serait poignant mais singulier. Dans les faits, l'image en miroir qu'il nous renvoie, de la naissance à la mort, nous affole. Pour peu que la peur de la transgression cesse, nous sommes alors conduits à notre tour à devenir des toxicomanes paranoïaques.

# PARANO ET VIEILLESSE

Tout se rétrécit. Ce qui était possible hier ne l'est plus aujourd'hui. Vivre librement, courir dans la nature, découvrir son corps dans une piscine, tout cela fait désormais problème – pour soi, pour l'image donnée aux autres. La mémoire, qui était la fierté d'un homme, est à présent un gruyère plein de trous : ce mot est là, au bout de la langue ; un effort inouï pour s'en approcher, pour dissimuler la faille ; en vain, on ne le retrouve plus. Et encore, les misères physiques, les jambes ankylosées, l'audition difficile, la vue qui baisse, l'essoufflement dans l'effort.

Dans un premier temps, une fois la douloureuse surprise de soi plus ou moins avalée, lorsque se dévoilent ces abominables signes ou signaux, il faut feindre, dissimuler, essayer d'être « dans la course », surtout si socialement la place qu'on occupe est élevée alors que l'intérieur se dégrade, moins peut-être du point de vue objectif que du point de vue intime, ce que l'on dit à soi-même, à l'instant d'une nouvelle défaite, d'une reculade mal calculée, ouvrant une nouvelle brèche dans la relation à l'autre, avec l'angoisse que cela représente et la dépression qui l'accompagne.

L'idéal de soi, forgé pendant des décennies, au prix d'innombrables compromis, en prend un sacré coup alors qu'on croyait enfin, peut-être, être installé dans une situation intangible permettant plus ou moins bien l'oubli de soi ; tout cela va céder face aux « progrès » de la décrépitude. Ce qui était masqué par les dépendances sociales, familiales ou amoureuses, la vieillesse, la mort, en se découvrant soudain, entraîne la même souffrance que connaît le sujet désintoxiqué lorsqu'il se retrouve « guéri » face à la réalité du monde, c'est-à-dire nu comme un insecte, un cloporte. Même ceux et celles qui ont cru à l'extase n'en ont pas moins cherché à être immortels, à ne pas souffrir du corps, à échapper à cette phase ultime dans laquelle tout se dégrade. D'autant plus qu'un sixième sens, une vigilance nouvelle s'instaurent. L'obsessionnel retourne sur ses pas pour vérifier s'il a bien éteint sous la casserole de lait, tel autre demande mille fois à un compagnon de route le chemin qu'il connaît pourtant. L'image des rues, des distances, des corps, se modifie. Il faut un effort pour lier les choses à notre vie d'une manière permanente, effort dont on guette à chaque réveil la stabilité ou l'agrandissement. La perte des espaces, comme le chante magnifiquement Jacques Brel, est à la mesure exacte de ce qui se limite, devient inaccessible, donc interdit. Fausse sagesse, hypocrisie religieuse qui nient cette rencontre de la condition humaine avec le troisième ou le quatrième âge, quand vous arrive sur les épaules cette chape de plomb : la vieillesse. Dénégations pathétiques, rigidification du caractère, égoïsme croissant, recours à Dieu, repli sur le souvenir de l'âge d'or, émotions démesurées, rancunes tenaces deviennent peu à peu le pain quotidien. L'inconnu aussi de ce qui vous attend, que l'on devine pour l'écarter par mille artifices. (Je ne connais rien de plus triste, de plus poignant, de plus monstrueux que les soirées costumées dans les maisons de retraite. Je ne peux plus entendre la « Valse bleue » ou « Nini peau de chien », emblèmes grotesques de cette dénégation hypocrite offerte par la société à ses vieux.) Le lent voyage au bout du possible est différent pour chacun, certains veulent absolument vivre jusqu'au bout, quel que soit le prix à payer ; d'autres ne supportent pas le naufrage et, comme Beethoven, Montherlant, et tant d'autres, se suicident, dernier acte de liberté de l'homme par rapport à l'animal.

Parfois la démence vient marquer la déchéance, à supposer – c'est l'état de nos connaissances actuelles – qu'il n'y ait pas de souffrances quand on est dément. Le pire, dans cette bouffonnerie terrifiante du destin humain, c'est l'égoïsme boulimique qui s'installe. Voir toute la subtilité d'un esprit vif, intelligent, se transformer en instrument à boire, manger, déféquer n'importe où, n'importe comment, période ultime précédée de la longue souffrance où l'homme chaque jour constate de nouveaux manques.

C'est en songeant à cet aboutissement, en le guettant, qu'un homme s'installe plus ou moins vite dans la vieillesse. Dans la volonté de fuir ce qui est inéluctable s'instaure en compensation tout un comportement. D'abord, sourdement, l'inquiétude permanente que les autres ne se rendent compte. Puis qu'ils en profitent. Ensuite la peur d'être grugé, trompé, exploité. Celle plus dramatique encore de ne pas être aimé, d'être de trop, d'être celui dont la mort est attendue, dont l'héritage est guetté. La vieillesse est une maladie de la sensibilité, à la fois tendue à l'extrême et enfermée dans quelques rares directions : les petits-enfants par exemple qui, eux, ne peuvent pas se rendre compte ou en tout cas ne peuvent pas se révolter contre les manifestations excessives de l'amour grand-parental. Cet égoïsme masque une intense misère affective dans le même temps où, par un effet de boomerang, il la renforce, tant il est difficile d'aimer ces vieux renfermés sur eux-mêmes. S'installe peu à peu une longue plainte faite de reproches conjugués à des tentatives de séduction. Tout reste souvent intériorisé, pourtant l'autocensure passe mal, le poids de la solitude est trop fort pour qu'à travers mimiques, troubles du comportement, refus de manger, dépression, ne s'expriment le destin de la personne comme la culpabilisation dans laquelle elle veut vous entraîner.

Il existe certes des grands-mamans gâteaux, des grands-pères bricoleurs ou qui savent raconter, faire découvrir. Des hommes et des femmes actifs s'occupant, voyageant, tombant amoureux. Pourtant ces vacances du « troisième âge » entre personnes qui ont le même problème masquent plus qu'elles ne règlent les infortunes de la vie dans toutes sortes de situations d'annulation. Le « rappel des classes » est là pour vous faire mesurer à la fois l'extrême lenteur du temps vécu et, au contraire, la rapidité de celui qui s'écoule, l'amenuisement de celui qui reste. S'il est trop long, c'est que vous êtes abandonné par tous, s'il s'épuise si vite, c'est le drame de la mort, de l'invalidité, de l'incapacité qui se rapproche. Le pire est la coexistence de l'un avec l'autre, le désir contradictoire de vivre, de ne pas vivre, le besoin d'oublier comme le besoin de se souvenir : passé merveilleux, mari adoré, vacances parfaites, tout est embelli, sélectionné comme par un malin plaisir pour se faire souffrir et pour se soulager, pour se persuader que l'existence actuelle est sinistre et la vie écoulée heureuse, remplie, qu'on ne mérite pas en tous les cas l'ingratitude des proches, l'éloignement dans lequel nous tiennent les enfants.

Quand la nuit tombe, le sentiment de solitude augmente, l'insomnie, souvent compensée par une toxicomanie chimique, laisse toute sa place à la rationalisation, au ressassement permanent qui fait les comptes, sépare les gentils, ceux qui ont eu un geste de ceux qui ne sont ni venus, ni n'ont téléphoné. Les ingrats qui ne rendent jamais le cadeau, offert pourtant d'une manière désintéressée. Le Moi n'est pas effacé par la vieillesse, il est transformé, sélectionnant ce qui dans le caractère aide à la vie, ce qui dans la mémoire vaut récompense ou punition. Le Moi ne porte plus le poids de l'avenir, il est porteur du passé dans l'instantanéité. Combien de croyants démentent par leur angoisse quotidienne leur affirmation d'un salut prévisible, cependant que ceux qui n'ont ni rituel, ni foi, surinvestissent la médecine, comme si, d'essence divine, elle vous permettait d'accéder à l'immortalité.

C'est dans cette atmosphère, ce contexte que se constitue, à petits pas, presque souterrainement la parano des vieux. Elle n'existerait peut-être pas sans l'exclusion, celle que vous imposent les autres et qui est tellement patente aujourd'hui, celle que vous vous infligez à vous-même, dans ce dialogue, infiniment douloureux s'il est lucide, de soi à soi. Il est difficile de faire la part des choses entre lucidité, parano, déficience réelle ou supposée, tant chaque expérience tentée qui échoue appartient à la fois à une conduite d'échec, une dépression affective ou à la vraie incapacité de faire les gestes, de dire les mots adéquats. En plus, c'est la fin, malgré soi, de la vie sexuelle, alors même que les fantasmes érotiques perdurent ou augmentent. L'homme devient de plus en plus étranger à lui-même. S'il est encore désirant, il n'est plus désirable, et cela le convainc davantage du rejet, d'une fin avant la fin. L'homme qui cherche en vain à provoquer le désir se vit comme un paria qui doit rester à sa place, celle du vieillard. Combien de vieillards payent pour des amours ancillaires où ils seront souvent maltraités, à tout le moins frustrés de ne recevoir ni caresses, ni affection, alors qu'autrefois certains jouaient avec succès les Don Juan. N'en déplaise à Arletty, on a presque toujours des « gueules d'atmosphère ». Ici, c'est le désert qui progresse alors que certaines personnes âgées ont tant à donner.

Ainsi, le réel quotidien est le plus souvent à mille lieues des images idylliques de la publicité ou des romans. Le froid s'installe dans un décor familier, mal ou pas entretenu, où, presque symboliquement, la lumière elle-même baisse là où parfois il y avait des fêtes, des réceptions, des joies collectives. Le retour au passé est toujours dur. Il donne consistance au sentiment d'abandon nourri par tous ces noms, ces images, cette vitalité gaspillée.

Alors tout devient vite menaçant. Et d'abord la peur de manquer, la crainte du dénuement. Combien de calculs, de détours, de sacs de provisions traînés pour des économies de quatre sous, avec la certitude que les commerçants sont des voleurs qui abusent de votre âge, vous rudoient, vous expédient d'autant plus brutalement que vous n'êtes pas de grands consommateurs. Oui, certains boutiquiers sont ainsi, mais l'inverse est également vrai : ils souffrent de la mauvaise humeur de leurs clients âgés. Le sentiment du préjudice est souvent celui qui domine la scène. Il envahit d'autant plus la conscience qu'une comptabilité personnelle est tenue avec tout, sur tout, pour tous. De débat en confrontations imaginaires, de suppositions en vérifications, certaines personnes empoisonnées par mille détails ne profitent plus de la vie, ce qui meuble le temps. Leur logique est une fausse logique, fondée sur des sensations, des sensibilités aiguës, froissées, humiliées, d'autant plus que la vie physique les place à la merci des autres, que chaque changement est épuisement, que ces personnes se condamnent pourtant à continuer des relations dont elles souffrent, car un sourire, une reconnaissance valent mille fois mieux que l'abandon ou l'anonymat. La conviction des vieillards est absolue, on parle d'entêtement ; il vaut mieux d'ailleurs pour leur sécurité psychique ne pas démontrer l'absurdité des accusations qu'ils portent ou des faux-semblants, des sourires qu'ils consentent.

Le retour en arrière n'est pas imaginable. L'ancrage dans ces convictions consolide une forteresse qui, sans elles, risquerait de s'effondrer. Le délire protège tout en isolant davantage, tandis que la solitude incite encore plus le sujet à délirer. Si, chez lui, il ne retrouve ni ses affaires, ni ses lettres, ou encore quelques menues monnaies, c'est bien sûr la concierge ou la femme de ménage qui, devenant le bouc émissaire du moment, sont accusées de voler. Dans le même temps, cette accusation se charge de l'angoisse d'être seul, abandonné. Alors la parano s'intériorise, s'autocensure jusqu'à ce que, trop longtemps retenue, elle éclate au grand jour sur un détail infime, catalyseur des rancunes non exprimées. Comme la personne âgée contrôle mal ses émotions, celles-ci peuvent être explosives, trop hautes, mal adaptées, laissant l'accusé désarmé, incapable d'analyser le mécanisme psychologique et de minimiser ainsi l'injustice dont il est l'objet. Cette victimisation réciproque empêche tout vrai dialogue qui pourtant est indispensable, tant la mélancolie rôde aux portes de la vieillesse.

Ainsi le sentiment de préjudice augmente à chaque nouvelle défaillance ; s'empare du sujet, se construisant au fil d'une fausse logique pour se constituer en véritable délire, oublieux de toute autre réalité, passant de la susceptibilité aggravée au sentiment du complot pour enfermer, séquestrer, voler les biens. (Rappelons qu'il ne s'agit pas toujours d'idées fausses, ce qui rend difficile le jugement extérieur.) Le délire est d'abord réservé aux autres, aux étrangers. Le Front national fait ses meilleurs scores parmi les personnes âgées. Puis, il s'étend à la famille d'une manière sélective, épargnant tel pour mieux charger l'autre. Certaines haines sont tenaces, recuites, d'autres au contraire varient, changeant en fonction de tel ou tel geste. Un rien blesse cruellement, beaucoup plus qu'on ne l'imagine ; un sourire vaut tout l'or du monde. En tout état de cause, la discrimination est aléatoire : le petit-enfant de deux ans à peine, adulé ce matin encore, parce qu'il joue maintenant et ne s'intéresse plus à son aïeule, devient un ennemi. Les règles de vie sont régies par un protocole plus rigide, plus subtil que celui du Roi-Soleil. Les personnes âgées sont des ducs de Saint-Simon, des fous de la bienséance. Tout manquement est interprété comme volontaire, insultant, humiliant, chargé de nuisances. Là encore, il s'agit d'un préjudice sciemment exécuté, toujours cruel, vérifié d'ailleurs par les commentaires qui l'accompagnent, insinuant que le gâtisme menace, que le vieux perd la tête.

Le vieillard ne rit pas. Le rire autour de lui, des jeunes en particulier, ne peut être que moqueur, comme l'est le bruit qui vous tire d'un sommeil fragile, si durement gagné. Le voisin du dessus le fait sûrement en toute connaissance de cause, il est sadique ou raciste, il vous en veut ou il est jaloux. C'est une certitude – une de plus –

qui vous enferme dans le malheur, parfois dans le désespoir parce qu'aucun changement n'est possible, ni même espéré. Tout s'accumule pour amoindrir la position, le confort, la tranquillité, pour limiter le possible. Le voisin est là, peut-être payé par des ennemis pour vous faire du mal, lequel voisin ne comprendra pas très bien pourquoi on lui fait tant de reproches, et pourra réagir méchamment ou à l'emporte-pièce, ce qui confirmera la peur du vieillard, son sentiment d'impuissance dans le même temps que s'ancrera l'idée « qu'il l'a fait exprès ».

*Self full filling prophecy*, disent les Anglo-Saxons. De proche en proche, familiers, amis, parents vous évitent. C'est plus vrai encore aujourd'hui que l'on exalte la beauté et la jeunesse comme des valeurs suprêmes : les rides du visage, les muscles qui s'affaissent, le dos qui se voûte, sont autant de repoussoirs ; ils sont laids, ils sentent la mort. Cela ne serait pas suffisant si, pour mille raisons, l'intensité des états affectifs n'était pas désorganisée. Chaque état affectif se transforme en perception d'une signification personnelle, impossible à prévoir. C'est ainsi que l'inquiétude pour tout ou rien devient impérieuse, exige, sous peine de souffrances inouïes, une justification ou une présence impérative, faute de quoi on glisse de l'inquiétude au délire. Où commence d'ailleurs ce délire ? Nos sociétés réservent effectivement un sort peu enviable aux vieux : ghettos de luxe, clubs de voyages, de rencontres, résidences pour ceux qui en ont les moyens, isolement tranquille pour la majorité. Situation à la limite de l'insulte à l'espèce humaine pour d'autres enfin : mouroirs, chambres communes, enfermement psychiatrique surtout et, dans une moindre mesure, solitude de ceux dont personne ne peut ni ne veut s'occuper.

Les amis vous évitent, les proches font sentir la dimension d'obligation morale de l'attention qu'ils vous prêtent ou des services qu'ils vous rendent; le pire est encore l'infantilisation progressive des rapports comme si la personne cessait d'être adulte, responsable, majeure. Une « guidance » s'instaure, soulageante et blessante à la fois, amoindrissante en tous les cas. Cette ambivalence ne laisse au vieillard qu'une porte de sortie pour affirmer un reste de pouvoir : la conscience du préjudice et l'accusation qu'elle autorise. Le préjudice est réellement vécu, l'accusation reste longtemps douteuse, la peur de perdre la face est tout aussi importante que celle d'être abandonné. La conviction, elle, est absolue, qui va entraîner mille vérifications, puis l'accusation. Que celle-ci soit fondée ou non, elle se répétera : un oubli est un attentat, la perte d'un objet un vol. Le vol n'est pas seulement motivé par le profit ; il est d'abord une malveillance ; il a été réalisé par vengeance pour faire mal parce que le voleur déteste ou jalouse la victime. Alors commence la spirale des significations personnelles qui induisent peu à peu le délire, lequel isole encore davantage du monde.

Ainsi passe-t-on du préjudice à la persécution. Il faut donner un sens aux événements qui se liguent contre vous. Il ne peut pas s'agir d'erreurs de jugement, ni même de troubles de la mémoire. Il doit y avoir derrière tout cela une ou des motivations. Au sentiment lointain d'être malaimée, mal adoptée, s'ajoute le drame de la « mal écoute ». La personne âgée entend mal, interprète de travers ce qui lui est dit ; inversement, ceux à qui elle parle ne la croient pas, ou font seulement semblant de la croire, s'irritent, rudoient presque, ou par leurs mimiques témoignent du peu de cas qu'ils font d'elle. La « mal écoute » conforte le fait que les événements, les choses prennent un sens particulier que seul le vieillard perçoit.

Envers et contre tout, le sujet se persuade que la femme de ménage le vole, que les voisins guettent, que l'aide soignante l'empoisonne discrètement. Tout est intégré dans le contresens de la logique paranoïaque.

Le vieux paranoïaque peut à l'occasion passer à l'acte d'une façon dangereuse. Imprécations verbales, quelquefois menaçantes et qui s'achèvent parfois par des coups de feu pouvant être mortels. Il n'est pas rare que dans les thèmes persécutifs apparaissent des raisonnements xénophobes ou ouvertement racistes, ce qui permet d'élargir au général le particulier. La raison n'est pas la raison ; pourtant, tout l'imaginaire du vieux parano (qui peut entraîner l'imaginaire de beaucoup de jeunes) est conduit par ces fantasmes, cette hallucination du réel où la charge affective se transforme en haine, en une autre violence des passions. Certes, de tels tableaux ne sont pas majoritaires, d'innombrables personnes âgées vivent d'une manière beaucoup plus paisible. Quand on y regarde d'un peu près, la vieillesse ne fait qu'accentuer ce qui préexistait déjà sous forme d'hyperesthésie, de tendances ou de paranoïa latente dont le parasitisme était contenu par les obligations de la vie sociale ; le degré supplémentaire dans l'escalade intervient lorsque le sujet réagit à ses propres invalidités comme à des situations qui sont vitales pour lui, qu'il ne peut plus corriger par d'autres moyens. Son affectivité, faute d'avoir de bons échanges, glisse avec des allers-retours vers la méfiance passionnelle, son délire ne représentant qu'un symptôme dans un symbolisme social très perturbé.

L'image du vieillard altruiste, cultivant l'art hugolien d'être grand-père, pétri de sagesse, des valeurs sans lui oubliées, mémorial des techniques d'antan, conteur habile d'histoires anciennes, est une image bien idyllique, d'autant plus qu'on entre dans la vieillesse plus tardivement qu'autrefois. La porte de cette ultime période est étroite, comme le constant rétrécissement des actes ou des pensées, en dépit parfois des apparences. Même ce rôle de vieux sage lui est de plus en plus refusé. Il sait qu'il doit être compétitif dans son corps comme dans sa tête, sauf à s'installer ou à être installé dans un état de mort vivant. Alors, il réagit, d'une manière qui peut être excessive, débouchant sur une véritable manie.

Tel se fait beau, sort, dépense sans compter, se livre à la débauche, à la luxure, épouvante ses héritiers. Le vide du projet apparaît bien çà ou là, il n'en a cure. Il profite des heures qui restent, abandonnant même les manières policées; la répression interne ne fonctionne plus, comme sont anesthésiés les conflits éthiques, en particulier d'ordre sexuel. La question du bien ou du mal ne se pose pas. Ce qui compte, c'est la satisfaction des instincts, d'ailleurs pas si irresponsable que cela, comme s'il existait une course avec la mort, un droit à la transgression immédiate que s'arroge le vieillard au nom de sa mort future sans que la perspective du péché ou du salut ne le retienne. Tous les moyens sont bons pour qu'il arrive à ses fins. Ici, la paranoïa prend une autre allure. Toutes les répressions imposées, ou que s'imposait le sujet, sautent. Il ne s'agit pourtant pas de perversions. C'est tout simplement la notion de transgression qui implose sous l'effet d'une sorte de mégalomanie, extrêmement instinctive, affective, qui ne provient pas d'un raisonnement (ce n'est pas un délire de grandeur) ; l'homme n'a d'autres limites que la satisfaction de ce qu'il veut, immédiatement, tout de suite et maintenant. Il ne peut pas comprendre qu'on s'oppose à cette satisfaction. Toute résistance est méchante, interprétée comme un acte sciemment dirigé contre lui. Il y a une véritable inversion de la preuve. Toutefois, l'ambiguïté s'en mêle, le vieillard sent bien qu'il fait quelque chose de condamnable, alors il ruse, dissimule, diminue ses projets, tente d'acheter ce qu'il ne peut pas avoir directement. Là aussi, la surprise vient du raisonnement paralogique mis au service de ses fins. Ce n'est pas lui qui est fautif, c'est la société, les institutions ou tel ou tel qui le privent avec sadisme de petites satisfactions ne faisant de mal à personne. Le caractère intime du projet se suffit à lui-même, les autres n'ont qu'à s'abstenir devant des choix ou des actes que de toute façon ils ne peuvent pas comprendre. Il n'y a plus de place pour l'autocritique, comme si le rétrécissement du champ de la pensée se résumait dans une poussée libidinale. Il est difficile de faire la part de ce qui revient à la manie et à la paranoïa ; l'action est plutôt du côté de la manie, l'argument du côté de la paranoïa. Il s'agit d'une manie solitaire sans extension à autrui toujours tenu à distance d'une naturelle méfiance. La paranoïa est au service du désir, la manie en est le bras armé. Le tandem empêche la culpabilité et la notion de péché. Pour peu que l'on aborde la question de la responsabilité, cela entraîne soit des réactions de dénégation ou de fuite, soit une agressivité sans nuances, de caractère totalitaire, qui rejoint la rigidité d'une paranoïa.

Ce tableau est excessif : c'est celui des cas limites ou des fins de parcours. L'ordinaire est plus dramatique : période plus ou moins longue où s'installent, accompagnées de déficit de mémoire, ces modifications de l'humeur, du comportement, du raisonnement. Coexistence pathétique du lucide avec le non-lucide, de l'emportement et de la critique, passage à l'acte irrépressif qui entraîne ensuite une dépression coupable. L'amertume accompagne le long naufrage. Les idées parasites s'étendent peu à peu, gagnent du terrain même chez les intelligences toujours vives. C'est dans ces périodes crépusculaires que la parano vient combler les manques qui se creusent au cours de cette course essoufflée, misérable, pathétique où les mots ne se retrouvent pas. Les lapsus se répètent trop souvent, la mémoire patine, d'abord pour les faits les plus récents – l'impossibilité par exemple de mettre un nom sur un visage – puis pour les souvenirs plus éloignés et les associations d'idées. La dépréciation de soi est toujours accélérée ou augmentée quand on découvre dans le regard de l'autre l'étonnement puis la pitié. Et lorsque la volonté n'y peut rien, quand on s'épuise à chercher pour ne pas trouver, on se ressource dans le déni, la recherche d'un bouc émissaire.

Parfois, un peu de gentillesse, quelques attentions suffisent pour ébrécher le mur de méfiance, la suspicion organisée en système. Les proches pourtant bienveillants sont mis à l'écart parce qu'ils ne savent ou ne peuvent trouver l'attitude juste, le mot qui apaise, alors que des étrangers usent ou abusent du vieillard, parfois jusqu'à l'escroquerie, parce qu'ils ont l'art et la manière de tromper en sécurisant, ou par un système de flatteries tellement énormes qu'il est stupéfiant que cela marche. Il faut savoir qu'aidée de l'extérieur, la paranoïa du vieillard peut désarmer, ce qui lui rend la vie plus facile. Cependant, désarmer ne signifie pas guérir, le système des traumas affectifs continue de fonctionner, livrant la vieille personne aux fantasmes du complot, de la malveillance, de l'insécurité. Pourtant cette quérulence reste un signe de vie, la volonté d'être présent. Lorsqu'il n'y aura plus rien à communiquer, ce sera soit la dramatique mélancolie soit la démence. La parano, elle, donne du sens au non-sens, peut-être le dernier dans un horizon bouché ; dans le même temps, ce dernier sens dévoile une personnalité jusque-là inconnue, dans laquelle, chez beaucoup plus de personnes que l'on ne pense communément, tous les éléments du délire étaient là, à l'état plus ou moins latent. Il a donc fallu les hasards de la vie ou des rencontres, de l'insertion sociale pour que les uns décompensent, alors que les autres pratiquent les compromis indispensables à l'existence selon les normes.

En accentuant les traits de caractère, la vieillesse est un révélateur a posteriori de ce qui existe en nous. Seulement le vieil âge caricature jusqu'au grotesque comme les masques de certaines ethnies du Pacifique, destinés à écarter les mauvais esprits qui mènent à la mort. Voler un vieillard, c'est lui voler un peu de ce qui lui reste de vie : l'avarice est cette terrible peur de manquer non seulement d'argent, mais de quoi vivre. La haine, l'envie du vieux par rapport aux jeunes, est l'héritière du cannibalisme, de ces temps où l'on pouvait incorporer la cervelle des vaincus pour se refaire une nouvelle vitalité ; époque également où le dépérissement physique, la perte inexorable de la beauté étaient compensés par le pouvoir d'obliger, comme pour la circoncision, les jeunes à se soumettre (car si le prépuce sanglant est offrande à Dieu, il est tout autant, sinon davantage, symbole d'une sexualité due aux vieux).

Dans nos sociétés, ces coutumes compensatrices qui assuraient un certain pouvoir n'existent plus. La survie n'est plus dans les mythes, elle dépend de tubulures d'acier dans les hôpitaux, et de jeunes médecins qui font subir aux anciens les nouveaux rites de passage. Sauf exceptions, ce sont les vieux qui dépendent des jeunes. Alors, derrière les sourires des grands-parents gâteaux (ou plutôt des arrière-grands-parents, compte tenu des progrès de la longévité) se découvre cette envie-haine, dont l'ampleur est quelquefois difficilement soupçonnable tant la dissimulation est impérieuse pour éviter l'abandon, la solitude, pour assurer la survie. Les faux-semblants qui fonctionnent tant bien que mal forgent le lit de paranos larvées, souterraines, lesquelles, comme un lion endormi qui donnerait soudain des coups de griffe, apparaissent subitement dans la brutalité, voire la méchanceté, coup de tonnerre dans un ciel apparemment serein. Ce sera le refus imprévu d'une hospitalité attendue, le renvoi des enfants en garde, les brimades au nom de l'ordre ou de la norme dans la vie des petits, les plaintes sur le bruit fait « exprès ». Le sadisme côtoie le sentiment du préjudice chez des personnes avenantes, voire séductrices. Ce sont autant de messages envoyés pour témoigner de cette misère de l'âge, pour affirmer une autorité, redevenir vivant. Messages souvent très mal reçus car vécus à leur tour comme des comportements injustes, et qui suscitent des retours de bâton sous la forme d'un rejet épidermique, voire d'un désir de mort de l'aïeul, à tout le moins ou le désir de s'en débarrasser. La boucle est alors bouclée, car le paranoïaque y voit la confirmation de ce qu'il ruminait dans son délire solitaire, laissant peu à peu les pensées parasites se transformer en représentations parasitaires, envahissant tout le champ de la conscience.

Comme celle de l'adulte, la parano du vieillard est liée d'abord à l'affectivité. Si les traumatismes sont d'ordre différent, si la sexualité ou plutôt ses échecs ne sont pas ici prégnants, si l'homosexualité latente n'est pas le terreau sur lequel se développe la maladie, la pédophilie n'est pas rare qui témoigne ici encore d'un investissement sexuel interdit donc mal assumé, dans un climat affectif fait de honte, de désirs sans accomplissement, de petits passages à l'acte culpabilisants. Si tout cela est contrôlé, il n'en reste pas moins, sans qu'il soit possible de l'ébranler, la certitude amère d'être passé loin de la vie, en particulier de la satisfaction de son désir. Le passé alimente, comme un coffre de banque longtemps fermé, le contentieux que tel ou tel peut avoir avec la vie, les institutions, les autres hommes. On comprend mieux a posteriori le choix de certains métiers privilégiés dans le non-dit pour leur pouvoir de protection ou d'agression. Ainsi chez les avocats ou les magistrats, le rapport à la loi est-il ambigu, fait de peur, de fascination, de protection, comme l'est le rapport à la mort des médecins, essayant de s'illusionner sur le fait qu'ils sont immortels, que la mort ne concerne que les autres. L'âge venant, ces protections s'avèrent illusoires, tandis qu'au contraire les focalisations interprétatives augmentent, la mort, la maladie guettent, les rigidités s'installent, aidées par une longue pratique de la rétention mentale, des rapports biseautés avec les autres, déclenchés souvent par les inversions de pouvoir qu'implique par exemple la retraite.

A en croire la publicité, la retraite serait une période heureuse de la vie. Pourtant, peu de personnes l'atteignent sans angoisse ni dépression. Les courroies de transmission avec les acteurs de la vie active s'arrêtent du jour au lendemain, les pouvoirs vous sont enlevés, l'argent diminue. Un état d'humiliation s'installe, d'autant plus censuré qu'il doit appartenir au non-dit puisque, officiellement, la personne est censée vivre une période de bonheur à laquelle elle a longtemps aspiré. Alors elle va guetter ceux qui lui succèdent. « De mon temps » : la fameuse phrase devient omniprésente. Si la vieillesse est un naufrage, c'est que tous les destins, même chez les plus intelligents, les plus brillants, même chez ceux qui, reçus dans la « société », donnent encore l'illusion d'une éternelle jeunesse, ces destins mènent tôt ou tard, avec une invalidité plus ou moins grande, aux mêmes ratiocinations, aux mêmes oublis, à la même susceptibilité dont on accuse les hommes, la famille, la société d'être responsables. Dieu lui-même protège mal contre les aigreurs, les chuchotis, les rumeurs qui rassemblent les bigotes vieillissantes. Elles finissent elles aussi par s'entre-déchirer, guetter l'Alzheimer de la voisine, espérer que telle compagne partira avant vous, se persuadant des maléfices de tel ou telle. Cela se lit sur leur visage, fait de dureté amère pour autrui et pour elles-mêmes.

Pour comprendre la parano du vieillard, il faut sentir qu'elle participe d'une descente en enfer. Alors seulement, elle paraît supportable à l'entourage qui, quoiqu'il éprouve le sentiment de l'injustice devant telle imprécation soudaine ou telle accusation infondée, sait qu'en fuyant le vieillard, c'est sa propre mort que l'on fuit. On pourrait fuir sur une autre planète, il resterait chez chacun d'entre nous cette peur irrépressible de la mort, précédée de l'angoisse du délitement physique et mental, de la beauté qui sombre et l'intelligence qui se noie. Alors se sentir empoisonné, envoûté ou battu n'est pas un déni de la raison, mais l'assurance d'un piteux sursis avant que l'homme ne retourne à l'animalité. Ce cri grinçant n'est pas celui du nourrisson qui naît, il n'est pas celui d'une bête aux abois. Il participe de l'un comme de l'autre dans un ultime effort pour être, envers et contre tous, encore sujet.

# L'ANGOISSE PARANO

Nous le savons plus ou moins : nous sommes tous des paranoïaques. Petits ou grands. Qui n'a rêvé d'être maître du monde, qui n'a fantasmé mille tortures pour des ennemis réels ou imaginaires ? Qui peut dire qu'il n'a pas été jaloux ni passionné, interprétant des indices, refusant de voir les défauts de l'être aimé, surprotégeant la femme ou l'homme chéris? J'ai vu au service militaire des doux, des innocents, se transformer en despotes sadiques et paranoïaques ; j'ai vu des infirmiers ou des médecins d'hôpitaux psychiatriques partager peu à peu le délire de tel ou tel patient. A côté de ces situations particulières, la parano de tous les jours n'a pas besoin d'une cause évidente, d'une linéarité de la personnalité au symptôme ; elle a besoin d'une certaine atmosphère affective, répétitive qui, parce qu'elle ne rencontre pas de résistance des autres, peut développer l'éveil méfiant ou persécuté d'un psychisme que personne ne vient désarmer.

Au coin du feu, à l'aise, sans soucis, la douleur vous

saisit, brutale, incoercible, sans guérison immédiate. Elle peut basculer dans la mélancolie, mais le plus souvent elle est l'avant-scène d'une angoisse folle, affreuse, donnant envie de se suicider. C'est l'expérience ineffable que pour tout l'or du monde on voudrait éviter. Celui qui en a fait l'expérience est prêt à tout pour ne pas se retrouver avec elle, dans elle. Les mots qui ne servent à rien à l'acmé de ce mal-être total vont pouvoir prendre de l'importance dans le dialogue avec l'imaginaire ou dans la construction d'un sens, la mise en place d'un contre-feu qui sera par exemple l'effroi devant une cause particulière comme antidote à l'angoisse totalitaire sans raison ni sens. Tout vaut mieux, y compris un délire, plutôt que cette épaisseur glacée qui vous réduit à moins que rien. Au début, quand cette sensation-là, immense, se résorbe, l'homme cherche à la comprendre, parfois à l'analyser. C'est ce que fait la psychanalyse quand elle rattache un symptôme à une béance dans la structure. Comprendre signifierait pouvoir guérir. Quand les alertes se répètent, malgré tout le travail de soi sur soi, quand le monde chavire, il faut à la blessure un pansement. Dans l'urgence plus absolue. La parano, qui projette sur les autres ses propres problèmes, sa propre peur, peut jouer ce rôle, dans un effort de l'homme pour rationaliser l'imaginaire, l'inconscient, le non-dit. Ce ne sont pas, comme chez Bataille, « les mots qui étouffent », mais bien les mots qui sauvent des maux déchaînés qui introduisent la mort dans le vivant.

En dehors de l'angoisse paroxystique, au-delà de cette mort anticipée ou vécue jusqu'au bout, il y a l'angoisse plus ou moins dégradée qui agira comme un signal-symptôme déclenchant la répétition de diverses protections, certaines d'ordre névrotique – rituels, symptômes obsessionnels, processus morbides –, d'autres s'organisant en systèmes plus ou moins bien structurés visant d'abord à la répression de l'angoisse. Comme le psychisme a toujours à sa disposition un lot de représentations, une provision de conflits, une quantité de problèmes éthiques, un magasin de questions ou d'actions sexuelles que la norme oblige à combattre, c'est dans ces réserves que le sujet va puiser pour édifier des murailles plus ou moins solides contre l'envahissement qui se rapproche, par beaucoup de côtés, de l'enfer.

Peu à peu ces défenses passent au premier plan de la vie des sujets, si bien que, si on interroge ces personnes pour savoir si elles sont angoissées, souvent elles répondent de bonne foi qu'il n'en est rien. Cet « oubli » n'est pas gratuit, il indique que le système fonctionne, même si le prix à payer en termes de relations amoureuses, familiales ou sociales est lourd. Pourtant, le sujet sait, ce savoir est là, enfoui, prêt à bondir, à lacérer comme les griffes d'un tigre. Cette situation oblige constamment à la provocation, au passage à l'acte, à la fuite en avant. C'est parce qu'il a peur de la police que le jeune exalté des barricades se précipite au-devant d'elle, justifiant cette action par les cris CRS = SS. Plus encore, la diabolisation de l'autre permet les attaques, les agressions ou, à l'inverse, le repli total sur soi, dans la bulle d'un isolement protecteur. Mais même le plus puissant des hommes a des insomnies. Alors, dans ce réveil trouble où les défenses sont relâchées, l'angoisse encore et encore revient.

A peu près à chaque fois, familière, inconnue, elle échappe au contrôle, rend les armes inutilisables. L'angoisse s'alimente elle-même dans une spirale ascendante qui balaye tout sur son passage. Parfois, en son épicentre naît, fragile, un souvenir dont la charge émotionnelle devient soudain si importante. Comme dans un travail obstétrical, ce souvenir est accouché : il est arraché, saisi, construit ; l'anodin renvoie aux tréfonds abyssaux de l'être. C'est autour de ce tout petit événement, de ses rapports dévoilés avec le moi profond, le moi archaïque, que va se construire une opinion rationalisante annonçant la décrue de l'angoisse. Pour trois fois rien, l'angoisse est là, araignée qui arrache le cœur. A l'évidence, ce rien témoigne de l'absence de véritable cause : l'angoisse tient à ce quelque chose qui appartient au destin de l'homme lorsqu'il découvre, parfois tôt, qu'il va devoir mourir, que toute vie, et d'abord la sienne, a une fin. Alors, il faut créer du sens, qu'il soit « normal » ou manifestement pathologique, il faut tenter de reculer les limites de la finitude. La paranoïa crée un sens, désigne des ennemis, explique pourquoi ils le sont devenus. Comme l'interrogation des astres, les lignes de la main, ou les cartes tirées, ce sens n'a pas d'autre valeur que celle qu'on lui donne. S'il est partagé, tant mieux, on dira que le sujet est normal, adapté. En revanche, si, pour une personne, ce même réel n'a de sens que pour elle, s'il s'élabore à travers des hallucinations, un délire, alors il sera appelé pathologique suscitant l'effroi, puis le rejet. L'enfant à la tombée de la nuit voit des monstres qui font naître en lui de folles angoisses ; ses parents prennent avec détachement ou recul ces visions inventées, allumant une lampe pour apaiser l'enfant. Ces monstres de l'enfance n'existent pas ; mais l'angoisse, elle, est bien réelle, qui resurgira à l'âge adulte. Les mêmes parents qui minimisent les horribles terreurs nocturnes de leurs enfants, qui ne peuvent pas comprendre la terrible souffrance, sont à leur tour terrorisés par l'angoisse qui monte en eux, expression du préjudice, de la jalousie ou de la persécution.

L'angoisse n'a pas besoin d'une cause pour exister. Elle fait irruption, laissant pantelant, magma informe, un sujet dépassé. Il est vraisemblable que les sacrifices des peuples « primitifs » sont nés de la tentative d'exorciser l'angoisse individuelle et collective, en lui donnant une origine divine. Le délire paranoïaque comme la paranoïa sensitive créent eux aussi un sens, avec qui ils vivent en concubinage notoire et qui est également sacrificiel puisqu'il désigne le sujet comme coupable d'exciter la colère des Dieux ou des forces obscures. Ce mécanisme est tellement intériorisé qu'à la limite il n'a pas besoin d'une causalité évidente ou cachée. L'angoissé naît coupable, d'une culpabilité transmise à travers les générations et que vient surdéterminer l'angoisse de mort. Celle-là revient à chaque pas, s'incarne dans les rites, les monuments, le chemin institutionnel de la vie, échappe à toute volonté, transforme le héros en insecte, la douceur de vivre en cauchemar, pénètre la vie monacale pour corrompre l'extase. Elle laisse ignorant, pauvre, démuni devant son mystère. La paranoïa la plus pure est celle qui convainc un sujet qu'on veut le faire mourir, matérialisant là, tout de suite, ce qui bouillonne en lui depuis toujours. Sur l'autre face de la même médaille de la finitude de l'homme, la paranoïa se constitue dans l'extase car, aussi choquant que cela puisse paraître à un croyant, l'extase est le moyen ultime, dans la tentative d'être Dieu, d'éviter la mort. Aucune conviction n'est aussi indestructible que l'extase, source de révélations, de vérité absolue, aux portes de l'Esprit Divin. Vu du dehors, par exemple lorsqu'un agnostique contemple un ermite chrétien ou un chrétien un animiste fétichiste, il s'agit d'un système irrationnel et faux. Vu du dedans, l'extase, cette forme ultime de la paranoïa, est une totalité infinie, sans brèche ; elle est le plus haut degré de ce que peut tenter l'homme pour échapper à son destin mortel, tentative qui se découvre « pleine d'impossibles », comme le dit Georges Bataille, car elle s'achève toujours par le retour à l'existence des hommes quelconques, donc de l'angoisse. Le projet extatique se brise sur la dure réalité de la condition humaine. Finalement, malgré mille détours, la confrontation avec l'angoisse de mort perdure dans une sinusoïde où alternent les hauts et les bas. A un engagement massif dans l'extase répond un engagement total dans l'angoisse. Plus les lignes de défense sont fortes, plus les débâcles sont tragiques et indomptables.

Tels des miroirs jumeaux, la rupture extatique avec le réel répond à la rupture angoissée, comme si elles étaient de même source : le mystère infini de la condition humaine, de son commencement, de sa fin. L'extase, forme ultime de la paranoïa autoprotectrice, avant-garde de la foi dogmatique, censée protéger de l'angoisse au nom du péché incarné, du repentir exigé, ne peut que la renforcer, si elle n'opère pas le miracle exigé d'elle.

L'extase n'est que la marge de la paranoïa, son cas limite. L'organisation religieuse peut en être la caricature, surtout si, au nom de Dieu, elle part en guerre contre les « infidèles ». Certes, aux deux extrémités du spectre, il existe à la fois des délires mystiques identifiés comme tels et, à l'inverse, d'innombrables croyants tolérants, bons citoyens, honnêtes pères de famille, estimant que la foi est affaire personnelle, qu'ils n'ont à l'imposer à personne ; pourtant, la croisade, les menace d'extermination, les baptêmes forcés, les enlèvements d'enfants sont autant de témoignages de la métamorphose de la foi en folie, avec toutes les caractéristiques de la conduite paranoïaque. C'est un extraordinaire tour de passe-passe que cette désignation de l'autre comme ennemi, qui permet d'éviter de se poser à soi ou à ses compagnons la question de ses actes, donc de se retrouver de proche en proche face à l'angoisse. Toute Église, tout irrationnel organisé en système rationnel, est fondé sur la mort, sublime, ou terrifiante. C'est par excellence l'appareil destiné à combattre l'angoisse de mort. A tous ceux qui n'ont pas la force ou simplement les bases culturelles pour, dans un combat singulier, se forger une opinion personnelle, l'institution religieuse répond : crois, tu seras sauvé, ou, plus subtilement, si tu ne crois pas, si tu n'obéis pas, tu seras perdu. Entre la faute démonisée (d'autant plus qu'elle est invisible), la sanction de l'enfer, la rédemption des justes, le système bâtit, à partir de postulats dont on ne saura jamais s'ils existent, s'ils sont vrais ou faux, une construction causaliste totalement logique qui possède celui qui, obligé d'y adhérer, n'osera pas s'échapper du carcan, tant la faute est là dans une culpabilité qui ressemble à s'y méprendre à des bouffées d'angoisse immenses.

Ainsi, du croyant le plus humble à l'intellectuel sophistiqué allant à la Trappe faire retraite, l'homme de foi restera toute sa vie captif d'un système dont on pourrait dire en exagérant qu'il est fondé sur une torture extrêmement raffinée, mettant en jeu l'anéantissement infini. Dans la foi, il faut mesurer ce qui revient à l'angoisse et ce qui revient à l'illumination absolue, sorte de magma au-delà du langage où, comme dans la maladie paranoïaque, la sensation, le sentiment, l'émotion sont plus importants que la preuve. Les démonstrations viendront après coup étayer, organiser, légiférer, pour revenir dans le domaine de l'humain, qui a besoin des autres pour vivre, comme pour, dans un miroir, se voir vivant.

Et en même temps, ceux qui ont la foi, fût-elle angoissante, sont heureux. La promesse d'un au-delà, donc d'un futur, soutient le mouvement de la vie ; la rigidité de la règle évite les questions indiscrètes ou hagardes. Les mécréants, eux, subissent plus qu'ils n'assument, seuls, sans piété, sans prêtre, sans rite. Le militantisme politique, l'adhésion à des sectes, l'idolâtrie audio-visuelle peuvent tenir lieu d'Église, sans offrir cependant la même sécurité lorsque au rire de la jeunesse, à la période triomphale des pulsions sexuelles succèdent la maladie, l'affaiblissement du corps, les frustrations diverses de la vie familiale ou sociale. Partout se trouvent les petits chefs, les rapports sadomasochistes. Partout se trouvent des interlocuteurs qui sont à la fois persécuteurs et persécutés. Il y a ainsi de grandes angoisses, comme il y en a de petites au quotidien. Quand on descend des sommets de l'extase pour regarder vivre l'homme quelconque, celui que personne n'entend, celui qui ne peut pas parler, jusqu'à ce qu'il se mette à crier, en parole ou en acte, alors on voit les peurs qui se nouent au petit matin, quand il faut se rendre au bureau ou à l'usine, les humiliations réelles ou imaginaires qui martèlent la tête jusqu'à rendre quasiment fou. Souvent, c'est le silence, dans l'angoisse qui crée la paranoïa. Pour de multiples raisons, les personnes se censurent. Tout un cinéma imaginaire se crée ainsi dont l'amplitude est parfois telle que toute parole serait explosive. Ce qui est disproportionné dans cette angoisse du petit matin, l'intéressé ne peut le dire, ni l'accepter. Pour l'autre, tout cela est bien ridicule ; si on lui en parlait, il dirait « tu es fou ». Oui, c'est effectivement fou, une folie cachée, vivant en parasite d'autant plus douloureuse que le sujet sait qu'il serait ridicule s'il formulait sa plainte, ses inquiétudes, ses obsessions. Surprise ! Le parano n'ignore pas qu'il est ridicule. Contrairement à la légende qui veut que le doute ne l'effleure jamais, il sait se regarder. Le contrôle de la parano n'est pas seulement social, il est aussi intime, réflexif, et cruel, d'ailleurs, la lucidité fugace fait remonter à la surface du conscient cette angoisse tant bien que mal camouflée. Parfois pourtant, la proposition s'inverse : ce n'est pas lui qui est ridicule, mais l'autre, le père, le voisin, la société tout entière qui ne comprennent pas, le rejettent, l'humilient. Tant que les choses se règlent de cette manière tout intérieure, tant que l'imagination est suffisamment féconde pour créer dans la tête du sujet un contre-projet, une revanche, alors la vie va son train-train, souvent médiocre, les rêves et les fantasmes aidant à supporter la réalité.

Cela fonctionne bien pour les sensitifs, les petits paranos qui sont souvent de petits anxieux. Hélas, lorsque l'angoisse est trop forte, tentaculaire, le paranoïaque ne rêve pas ou plus, il cesse de fantasmer de grandes choses, il entre dans la phase du pré-acte, dans l'organisation du réseau défensif-offensif qui va devenir le moteur de son existence, la raison de sa vie.

Alors, même le sentiment du ridicule ne peut plus écarter la pensée parasite ; il n'y a plus d'autre pensée, ni d'autre vérité que celles du système ; un procédé est mis en marche que rien ne peut arrêter malgré de grandes souffrances ou ces cauchemars morbides que l'on ignore trop souvent en fouillant le vécu des paranoïaques. Insistons : la vie intérieure du paranoïaque n'est pas un monolithe. Si l'acte est la conséquence de déductions fausses qui cimentent la rigidité, exigent la formulation délirante, enracinent la conviction, il y a dans la réalité psychique du sujet entre le ressenti, le non-dit, le dit, mille allers-retours, lucides, puérils, angoissés. Ce qui est sûr c'est que le paranoïaque ne s'abandonne jamais, sans cesse sur la brèche, oscillant entre la vanité, l'inquiétude, la persécution ; le psychisme est atteint, malade, malsain, redoutant, tout en les cherchant, les confirmations de ses malheurs. Lorsqu'elles sont incertaines, ambiguës, contradictoires, c'est l'inquiétude qui l'emporte. Au contraire, lorsqu'elles s'encastrent l'une dans l'autre, que la déduction logique semble sans faille, se développe une conception du voisinage ou de l'univers résolument spécifique, ne supportant ni les mises en garde ni les contradicteurs. Rien n'est plus délirant que le trouble malheur d'un homme lorsqu'il est nu, que la loi d'airain de son destin est d'être mortel : la mort surprise que les malades du sida voient, en pleine jeunesse, approcher, sans qu'ils puissent dans l'intimité d'eux-mêmes savoir si elle est due au hasard du corps ou à la nécessité du péché. Culpabilité pour une sexualité libre érigée en Dieu – alors même que les Dieux se liguent pour faire du sexe une chose sale, secrète, interdite ou, a contrario, l'aventure réservée aux initiés ou aux élus –, ou, au contraire, mort qui témoigne du caractère banalement animal de l'homme, de sa faiblesse biologique.

Si le monde n'a pas de sens, si l'organisation familiale, institutionnelle, sociale ne signifie rien, alors, comme le dit Georges Bataille, il ne reste que « l'obscurité du monde réel » qui laisse les êtres aveugles, hagards, angoissés. Tout vaut mieux que ce vide, cette solitude essentielle, cimentée seulement par l'instinct grégaire à d'autres solitudes.

Depuis quelques milliers d'années, les rapports dans

la horde des loups humains se sont policés ; on n'y mange plus les cadavres de ses frères ou de ses prisonniers. La méfiance subsiste pourtant qui rend vigile tout animal, homme compris. Lorsque les siècles ont patiné les rapports sociaux, la peur d'être mangé s'est transformée en sensitivité réactionnelle, voire en délire. Car si personne, sauf conditions exceptionnelles, ne mange plus personne, il n'en est pas de même pour le meurtre, l'empoisonnement ou toutes autres formes d'élimination par le verbe, les complicités, les retournements d'alliances.

Encore faut-il ne pas oublier qu'au cours du long chemin qui mène de l'animalité à la condition humaine, cette peur du vide, cette hantise de l'obscurité ont mille occasions soit de forger les défenses dont nous avons parlé, soit de se briser dans la dissociation des personnalités fragiles. Alors, ce sont les hallucinations, les délires, quand la terreur du monde extérieur est trop forte. Ou bien, en inversant la situation tel l'affranchi qui veut redevenir esclave ou refuse la liberté, c'est la soumission à des maîtres tout-puissants qui, eux, savent utiliser leur propre paranoïa en exploitant celle des autres. Ceux-là savent qu'une certaine règle du jeu consiste à emmener ces personnes jusqu'à l'extrême bord de l'angoisse pour que, soulagés, ils s'abandonnent corps et âme confondus aux gourous trônant dans leur propre système paranoïaque. Tout système totalitaire fonctionne de la sorte, non pas seulement les états ou les sociétés, mais les familles. La loi du père est sécurisante si elle est saine, elle peut devenir malsaine si elle est pervertie, comme dans les couples d'alcooliques où dominent bien souvent les délires de jalousie qui masquent l'impuissance à jouir comme à faire jouir. L'enfant, pour des raisons symboliques, imaginaires, réelles, s'identifie au père, à la loi, et donc, dans ce cas, au père dénaturé, à la loi perverse. Dans le même temps, cela angoisse l'enfant à l'extrême, et le tient prisonnier. Il n'est pas rare que, lorsque la force physique grandit, l'enfant devenu adolescent se révolte par des passages à l'acte violents qui ont à leur tour une tonalité paranoïaque. Parce que ces passages à l'acte ne diminuent en rien la misère psychologique, ces enfants, plus tard, transposeront dans d'autres milieux leurs peurs et leurs ruminations. Si, sur leur chemin, ils rencontrent des petits chefs ressemblant à leur père, le risque de décompensation est grand, y compris, à leur tour, le naufrage alcoolique. Le destin de l'homme s'inscrit dans cette peur transgénérationnelle. Elle s'accumule, parfois présente dans les superstitions, pour conditionner, plus ou moins, chaque sujet. Il y a ainsi un véritable héritage de l'angoisse qui se protège par la paranoïa. L'alcoolique n'existe pas en soi et pour soi. L'impuissance est autant la sienne que celle de son père, démontrée chaque jour par les scènes de violence qu'il a vécues. Derrière le côté harassant ou hideux de la jalousie ou de la persécution, il y a la détresse profonde. L'apparente raison de leurs propos ne tient pas la route devant une réalité qui a cessé d'être la leur depuis la prime enfance. C'est au tréfonds d'eux-mêmes que se cache le monstre du Loch Ness des visions confuses qui expliquent et conditionnent les comportements d'aujourd'hui. S'ils ne peuvent s'exprimer que dans la violence ou l'autodestruction, naîtra le bourreau domestique spectaculaire dans le cas de l'alcoolique, peut-être plus dissimulé pour d'autres qui cultivent dans leur jardin secret un non-dit plus ou moins terrorisant, plus ou moins persécuté. Si en apparence, pendant longtemps, les propos semblent raisonnables, contrôlés, il existe, pourtant, une accumulation secrète de blessures, de dols, d'amours déçues, de rapports de force dont on sort vaincu, d'humiliations qui ne sont pas seulement celles du sujet lui-même mais celles des parents, des grands-parents transmis de génération en génération, intériorisés comme leur condition par les intouchables de l'Inde. C'est à travers ces héritages vécus dans la peur, l'humiliation, la soumission que se forge une conscience de soi dévalorisée, terrorisée ou bien haineuse.

Chaque enfant étranger, qui à l'école a dû épeler un nom à coucher dehors, connaît une angoisse apparemment disproportionnée avec l'événement qui lui vient de ses ancêtres, de ce qu'ils ont subi, de ce que la saga familiale lui a transmis. L'esclavage a beau être aboli, sa peur, l'ambiguïté qu'il conditionne entraînent chez les descendants d'esclaves des paranos qui, pour disproportionnés qu'elles paraissent, ont leur racine dans l'histoire du sujet, celle de ses parents, de ses grands-parents, tout en étant également issues de ce magma inconscient où la peur d'être esclave, la haine vis-à-vis des descendants des esclavagistes coexistent, sans que cela soit formulable, avec le désir masochiste d'être à nouveau esclave. Suprême humiliation dont il faut se venger sur d'autres. Ce vertige, explicite dans ce cas, chacun de nous le connaît ; tous nous avons un jour ou l'autre mesuré nos pulsions profondes, notre fond pervers du sadomasochisme, si bien enfoui et qui, pourtant, suscite les fuites en avant de notre existence. Le vertige du désir entraîne, lorsqu'il est trop apparent, la peur puis l'angoisse, car on ne passe pas impunément de l'humanité civilisée à l'animalité brute. Celle-ci est l'ennemi numéro un de l'homme qui de la culture au délire en passant par la loi a consacré des millénaires à bâtir des défenses, ne serait-ce que par pur souci grégaire. Oui, la paranoïa est une défense.

Comme toute défense, elle emprunte à l'adversaire, ici à l'animalité : un Japonais, après l'avoir assassiné, a dégusté en fines tranches une belle Hollandaise. Exemple extrême, certes, mais le désir de mort de l'autre, les tortures qu'on lui inflige, qui restent le plus souvent de l'ordre du fantasme, relèvent du même monde et peuvent, à l'occasion, se concrétiser dans une exacerbation de l'idée de défense, comme chez ces forcenés qui tirent sur tout ce qui bouge, forts de leur droit et de la conspiration des autres.

L'animalité prend le dessus, quand il y a perte de tout espoir. Un long déchirement précède l'installation paranoïaque. Parfois le sujet ne voit que la mort comme seule issue dans une vie où il n'y a plus de place pour les compromis sociaux ou affectifs. Lui n'aperçoit plus rien, n'est plus rien qu'une boule d'angoisse abandonnée, un minuscule enfant perdu avec toute sa naïveté dans un monde d'adultes sans gentillesse, sans indulgence, méchants sans qu'il comprenne pourquoi. Il n'aime pas la mort, même quand il s'y résout. Il est là, poignardé, à la recherche des clefs qui ouvrent les portes. Il voit les autres, même ceux qui valent moins que lui, ou pire qui sont nés bien après lui, les acquérir puis les posséder. Il essaye de faire comme eux. Cela ne marche pas. Au moment même où cela est sur le point de marcher, il arrive toujours quelque chose pour le faire échouer. Alors il se replie sur lui-même, lutte contre l'angoisse du matin au soir, de plus en plus loup solitaire ; avec constance dans l'échec il transforme le moindre débat d'opinion en un conflit dramatique entre lui, ses interlocuteurs, la société. Ses explosions sont incomprises, mal à propos et disproportionnées. Il a beau avoir souvent raison sur le fond, ses arguments ne seront pas pris au sérieux, moins en raison de ce qu'il dit que de ce qu'il est. Pauvre héros d'une juste cause, tellement désarmé par la vie quotidienne ; les modestes efforts de monsieur Tout-le-monde deviennent des Everest à escalader. Il n'y a que deux choix possibles, entre deux moments dépressifs, le suicide ou la parano, l'un n'excluant d'ailleurs pas l'autre. Quiconque connaît cette personne-là ne peut pas être ému par l'incroyable souffrance « unie à la mort » (Georges Bataille), alors que, comme une bougie qui s'étiole, vacille le désir d'être heureux, comme tout le monde. Souffrance, angoisse sont inséparables, indistinctes, tellement intimes qu'on se trompe toujours de porte en les interrogeant, car il est difficile de deviner l'intense fragilité, l'extrême honnêteté de telles personnes ainsi que le courage qu'elles ont à vivre tout de même. Il n'y a aucune incompatibilité entre cette faiblesse et la virulence des paroles ou la violence des actes de ces hommes ou de ces femmes. Seules l'action, la menace, l'agression permettent d'approcher l'autre. La menace est présente chez le sujet comme chez l'autre.

Chez l'un la faiblesse est réelle, c'est d'une défense qu'il s'agit. On ne sait pas trop bien ce qui se passe chez l'autre, quel mécanisme pervers, sadomasochiste peut mettre en branle la relation avec un paranoïaque. Disons que le choix du persécuteur n'est jamais innocent, même si sa virulence n'est pas évidente ou ne semble être qu'une réponse à l'agression. Il y a, à la limite, bien des complicités muettes qui s'installent, que la relation soit duelle ou qu'elle mette en rapport un homme de pouvoir avec une foule comme ce fut le cas d'Hitler ou de Staline. Il est facile, a posteriori, de reconnaître ces montées d'angoisse collectives qui accouchent d'un régime totalitaire, dont le système idéologique est typiquement paranoïaque, avec la répartition manichéenne entre persécuteur et persécuté. Ce n'est pas du tout la même chose quand, à l'intérieur du système, vous encaissez votre part d'angoisse, précédée d'une large part d'émotion plus instinctive que raisonnée. Une fois l'illusion dissipée, le rêve devenu réalité, il est bien souvent trop tard pour tout annuler, pour revenir en arrière.

L'homme a besoin d'angoisse. Il vérifie ainsi, au plus près d'elle, qu'il n'est pas dans la mort. Cette proximité devient intolérable ; c'est pour cela que la paranoïa existe. Elle est croyance, allant de l'extase au raisonnement ; toutefois elle est terrible illusion de transformer sa propre condition, dans l'humanité, essayant d'éluder l'inévitable.

A vivre dans un monde tragique, le parano est en attente d'un espace où tout serait pur, où il serait reconnu pour sa valeur. Il est stoppé dans son développement comme s'il était encore adolescent. Il refuse de voir, ne le peut d'ailleurs pas sans mettre en danger sa propre vie. Le paradoxe est que, dans la réalité, il la met en jeu. Chaque fois qu'il gagne, c'est sa parano qui sort renforcée. Quand il perd, la désillusion est blessure cruelle ; toutefois elle touche un moi hypertrophié qui ne peut ni ne veut mourir. Ainsi, il gagne du temps, quel que soit l'événement qui le porte. Comme tout autre homme c'est de la mort qu'il s'agit ; à l'exception du mélancolique, le paranoïaque est l'homme qui est le plus confronté à l'intime de l'intime ; la mort, il l'a frôlée dans les maladies, les accidents ; elle a pu être préparée par tous ses ennemis ou bien elle est inscrite dans le destin. Sans cette relation morbide, d'une manière consciente ou inconsciente, il n'est pas convaincu de l'existence des choses ou des êtres, ou plutôt il est convaincu qu'il s'agit d'un château de cartes tout près de s'écrouler. Certains le consolident en créant une œuvre dont la beauté, la transparence, l'aigu, les font exister. D'autres, qui n'ont pas ce privilège ou cette force, transforment jusqu'à leur foi en délire. Alors le destin d'un homme dépend de petites choses à côté d'immenses. Un voisin qui, chaque matin, se lève aux aurores fait fonctionner sa douche à six heures du matin peut tuer votre psychisme, comme une bombe atomique anéantit Hiroshima.

Il est vain de toujours chercher la cause ; elle ne peut qu'être mensongère puisqu'elle ne mesure ni l'intensité ni l'affectivité du vécu.

« Pauvres hommes, qui, après nous, vivrez. » Nous avons beaucoup vu, étudié, participé, et pourtant nous ne pouvons éviter à nos enfants l'horreur, la misère, la mort. Ce silence qui anéantit tout, même la boule immense de l'angoisse. Ni la gloire, ni la paix n'abolissent le regard de l'autre qui vous juge, vous soupèse, vous trompe. Derrière le désespoir il n'y a rien.

# POSTFACE

Je le sais : quelque chose en moi fait que je ne suis pas aimé par les autres. Pas véritablement.

Au début, ils sont curieux, ils veulent me découvrir. Grands et petits fauves reniflent, cherchent à savoir si je suis de taille à rejoindre la horde. Je ne sais pas. Il doit y avoir un truc, et je ne le possède pas. Je les ennuie. Ou je ne suis pas assez bien. Je ne partage pas leurs connivences : je ne suis plus un petit fauve, je n'en serai jamais un grand. Et puis je ne suis pas un homme d'argent, ni véritablement de pouvoir. Je ne connais pas le code : mille dîners en ville pour rien. On m'a évalué, jaugé, fait des signes cabalistiques. J'ai rarement été invité plus d'une deuxième fois, à part chez quelques-uns qui se reconnaissent en moi, eux aussi un peu perdus. S'ils étaient admis là d'où, ensemble, nous sommes rejetés, pour sûr, ils m'abandonneraient à leur tour.

Je possède un nom. Pas parmi les très grands, pas parmi les plus petits non plus. Mes livres ont eu du succès.

Ils ont suscité quelques louanges et de solides jalousies. Saltimbanque de l'audio-visuel : oui, à la rigueur. Intellectuel de bon niveau : non, jamais !

Je connais d'autres exemples, des êtres qui me sont proches ou chers. Il y a ce je ne sais quoi qui fait qu'on ne nous aime pas. Du moins les « happy fews ». Ceux qui sont « in », branchés, ceux qui s'accrochent aux branches pour être dans le coup. Ils nous boycottent, font traîner la rumeur, nous démolissent le moral comme celui-là qui a distillé, de silence énigmatique en soupirs flatulents, une trop visible jalousie.

Non, on ne m'aime pas. On ne nous aime pas. Même celui-ci qui me doit son succès et a oublié aujourd'hui ses courbettes d'antan pour les réserver à tel autre, dont il me disait pourtant le plus grand mal.

Je m'interroge : sont-ce mes origines, mes mœurs, mon absence d'humour, mes gaffes, mon inélégance?... Cela est évident pour certains, malgré l'amabilité de surface. Mais à ce point ! D'autres sont détestés ; pourtant ils sont admis, introduits. On les jalouse, ils font partie de la fête. Moi, pas. C'est normal, que voulez-vous, je suis parano.

CET OUVRAGE A ÉTÉ COMPOSÉ
ET ACHEVÉ D'IMPRIMER SUR ROTO-PAGE
PAR L'IMPRIMERIE FLOCH À MAYENNE
EN FÉVRIER 1992

N° d'impression : 32022.
N° d'édition : 7381-0157-3.
Dépôt légal : janvier 1992.
Imprimé en France